상처투성이의 마음으로 우리는 무엇을 쓸까

도서출판 이um 기획시선 001

홍성표 시집

상처투성이의 마음으로 우리는 무엇을 쓸까

도서출판 이um 기획시선 001

홍성표 시집

상처투성이의 마음으로 우리는 무엇을 쓸까

도서출판 이um

시인의 말

나는 분단의 시간 위에 놓인 한 존재로 살아왔다.
부르지 못한 이름들과
사라진 시간들이 내 안에 남아 있다.
시는 그 침묵 속에서
나를 다시 세우는 작은 불빛이었다.

시는 적어도 고독한 홀로의 존재가 아닌,
나와 너의 소통과 공감,
그리고 사회적 교제를 이루는 사람들 사이의
관계성, 혹은 역사성을 지니고 있다고 본다.

이 말들은 나 혼자의 것이 아니라
함께 건너는 시간의 기록이다.
앞으로도 내가 쓰는 시는
분단 극복과 한반도 평화 공존의 시대를 열어가는
시적 대화이기를 바란다.

그래서 오늘도, 서로를 살게 하는
한 줄의 기도를 쓰고자 한다.

2026년 봄 홍성표

1부 아련한 사진들이 스치듯 지나간다

마로니에 공원에서

오후 네 시 십팔 분
대학로 공원에 앉아

때마침 열린 이화마을 축제마당
흥을 돋우는 소란에 잠시
마음을 맡긴다

하늘엔 양털구름
포실포실 흩어지고
노랗게 붉게 물든 이파리들
마당에 뒹굴고

옹기종기 모여 앉은 사람들
감미로운 노래에 빠져있다

바람은 차가워지고
딸과의 저녁 약속 시간은
설렘으로 다가오는데

딸애 나이보다 어렸던 20대

여기, 마로니에 공원

묵직하게 울렸던 아침이슬

산 자여 따르라

산 자여 따르라

아련한 사진들이 스치듯 지나간다

엘이디 불빛이 꽃처럼 피어나는 저녁

시간은 깊어 가고,

저기, 사진 속으로 딸이 걸어 오고 있다

강물처럼 흐른다

사람과 부대끼는 일들이

단내가 나는 날

섬진강에 갔다

자작자작 자갈을 밟는 강물소리

자장가 삼아

잠을 청하는데

창문에 가을비 흩뿌리는 소리 들린다

가슴 밑바닥에서부터

설움이 올라온다

설움의 자국은 어디서 찍혔을까

예리한 칼끝이 가슴을 저민다

당신은 이제 그만하고 오라 하는데

아이들은 자꾸 눈에 밟히고

흩뿌리는 비처럼 나는,

갈 길을 정하지 못하겠다

두 눈을 감고

저 강물처럼 그냥 흘러가 보는 거다

치과 가는 날

아무리 단단한 것이라도
입 안에 넣기만 하면 맷돌처럼 갈렸던 이다

어느 날 어금니에서 시작한 통증이
온몸에 길을 텄는지 삭신까지 쑤시기 시작했다

거울 앞에서 입 크게 벌리고
범인을 찾다가 치과에 갔다
충치균이 어금니 뒤에 숨어 있단다

머리 좋은 놈

그 놈을 잡기 위해
날카롭고 뾰족한 도구들이
입 안팎을 쉼 없이 넘나들었다

무슨 일이든 빈틈이 있으면
좀벌레가 기생하는 법이다

좀벌레는 한 나라도 들었다 놓았다 한다

뿌리 깊은 나무는 모진 바람에도

흔들리지 않는다고 했는데

작은 벌레 하나가

내 몸을 바닥까지 흔들어 놓다니

발바닥을 들여다 본다

한새벽

가로등이 눈을 껌뻑이고
뿌연 불빛이
차가운 바람을 맞는 새벽

소년이 겨드랑이에 낀 신문을
담 너머로 힘껏 던졌다

툭, 떨어지는 소리에
싸늘해진 바람과
고픈 배를 움켜쥔 소년의 기운도
툭, 떨어졌던

언덕길을 오르는 리어커에
모락모락 김 서린 두부를 싣고
두부 사려
두부 사려
외치는 소리가 나면
왜 그렇게 침은 넘어가던지

별 보며 달 보며 일해도
배를 채우지 못했던 시절

얼마나 일해야 아침을 배부르게 먹을 수 있을까
하얀 쌀밥이 눈에 아른거리던 때

그 얼굴들 모두 어디로 가고
적게 먹어도
소화불량에 걸리는…

편의점 의자에 앉아
뒹구는 나뭇잎을 바라보다가
어제인 듯
지나간 골목을 더듬어 본다

겨울밤 단상

소복소복 눈이 쌓이는 밤
방 한가운데
할머니 손 같은 따뜻한 난로가 있었다

아랫목에 할머니가
긴 담뱃대 물고 앉으면
손자손녀들이 무릎 앞으로 몰려들었다

할머니 입에서
호랑이가 튀어나오고
멍석귀신 지게귀신
처녀귀신 족제비에게 물려 간 닭 귀신
뒷간 귀신들이 쏟아져 나왔다

한밤 장독대에는 하얀 눈모자를 씌워놓고
졸음이 스르르 몰려오면
불씨는 잿속으로 숨어들었다

아무리 가고 싶어도

갈 수 없는 유년의 겨울밤

잿속에 넣어 둔 알밤은 잘 익어가고 있을까

혜화역 2번 출구에서

쌍문역에서 혜화역까지 가는 버스를 탔다

혜화역 2번 출구를 나오려는데

소나기가 쏟아진다

도로는 어느새 검은색 파랑색 노랑색 빨간색

우산의 물결

우산도 없는 나는

사람에 치어 이리저리 밀린다

작은 발들이 빠르게 움직인다

저 발들은 모두 어디로 가는 것일까

저 작은 발들 틈으로 들어가면

빌딩 숲을 벗어날 수 있을까

소년으로 돌아가 끝없이 걷고 싶다

사람처럼 사는 풍경

아직은 어둑어둑 하고
조금 커진 샛별이
고개를 숙이는 가을 아침

장닭은 목청껏 꼬끼오꼬끼오
멍멍이는 월월월 짖어댄다

새벽 이슬을 밀어낸 농부는
들풀 사이로
분주한 하루를 시작한다

오늘도 생명을 경외한다

황금차를 찾으러 가는 길

오랜만에 경동시장에 가는 길

몸에 한기가 들었는지
목이 칼칼한 것이
지병이 도질까봐
기관지에 좋다는
황금차를 찾으러 간다

한약재 냄새만 맡아도
몸속부터 깨끗해지는 것 같았다

경동시장에는 한약재만 있는 게 아니다

제철에만 먹을 수 있었던
시금치 당근 배추 무 방울토마토 야채와
본적지를 알 수 없는 건어물들이
난전에 산더미처럼 쌓여 있다

사람만 계절을 모르고 사는 것은 아니었다

고소한 참기름 냄새가
식욕을 돋운다

모락모락 김 나는 빈대떡 족발 어묵
침 넘어가지만 그래도
따뜻한 국밥 한 그릇 간절하여
허술한 식당에 앉아 굶주린 배를 채웠다

시장에 오면
사람 사는 모습이 물씬하다

고향집

어머니 탯줄 끊고
찬란한 빛을 보았다

생명의 신비가
세상에 드러나고
꿈틀거리던 여린 몸이
신고식을 치르던 날

태초의 고향을 떠났다

세월이 지나는 동안
숱한 사연들이 눈뭉치처럼
불어나 태산을 이루고

만남과 이별은
계곡을 지나고 강을 지나
끝없는 바다에 외로운
난파선이 되어 표류하였다

아버지도 먼 곳으로 가고
어머니도 낯선 산중턱에 안착하셨다

큰 형님도 떠나시고
친구들도 하나둘 떠나고
이곳 저곳에서 만나던
친구들도 곁을 떠나간다

한창 꿈을 펼칠 어린 조카도
세상의 무게를 견디지 못하고
눈을 감았다

불평등은 계속 불평등하고
교활하고 사특한 자들이
인간 숲에 살아남아
역사를 쥐락펴락하고 있다

유년의 마당에
멍석을 깔고 누워

은하수를 보았다

우물에서 꺼낸 수박은
왜 그렇게 달고 시원했는지

그 마당에 멍석 깔고 누우면
아직도 소쩍새는 노래를 부른다

도심 속 매미가 목 놓아 울고 있다
불의한 권력 몰아내자고

어머니

논에 물이 출렁거리고

돼지풀이 하늘 높이 목을 쳐들 때

둥둥 떠다녔던 우렁이 빈 껍질

우렁이 새끼들은

어미의 살을 먹고 자란다

화약 연기가 가시지 않았던 그즈음

오곡이 무르익는 수확의 계절

어머니는 반짝이는 별 하나를 낳았다

내가 네 살 때

아버지는 세상을 등지고

어머니는 모진 세월을 만났다

함평천지에서

해남으로 건너가

제주 가는 배 빌려 타고

장사를 다니셨다

집 안은 항상 우글거렸고
시끄럽고 북적거렸다

제비처럼 입 벌리는 새끼들을
먹이고 입히기 위하여
어머니는 큰 비단 보따리 머리에 이고지고
몇십 리 오일장을 걸어 다니기도 했다

머리에 인 짐보다
기다리는 새끼들의 입이
더 무거웠을 서른아홉 나이

남편이 남긴 산보다 큰 짐은
장수의 용기가 아니고는
감당할 수 없는 것이다

그런 어머니에게
따듯한 밥 한 번
용돈 한 번 주지 못한 불효자식

난 새끼우렁이였다

빈 껍질 우렁이 어머니는
저 하늘 별이 되어서도
내 곁을 지킬 것이다

일제강점기와 민족 전쟁을
온몸으로 싸안고
보릿고개 굽이굽이 넘어온
어머니의 가시밭길

우렁이 껍질을 볼 때마다
목이 메고
밥이 넘어가지 않는다

나는 지금도
어머니가 남긴 사랑을
파먹고 산다

길

빛이 없는 꿈속에서
꿈틀꿈틀 길을 찾아 헤맸습니다

누군가 내 손을 붙잡고 동네 어귀를 걸었습니다
오르고 또 올라도 끝이 없었습니다

에베레스트같이 높은 산꼭대기에 도착해
산아래 세상을 바라보았습니다

장면이 바뀌고
무지갯빛으로 순간순간 변하는 숲속에 있었습니다
다람쥐와 노루가 다니는 길
가쁜 숨 고르며 마주했습니다

처음에는 어머니와 걸었고
누나와 동생들과 걸었고
형과 함께 걸었습니다

동무들과 뛰놀던 그곳이

지금은 연기 속에 있는 것처럼

아련한 추억의 거울에 비치고 있습니다

열손가락 끝에서 이어지는 길은 많습니다

선택은 하나뿐입니다

같은 길을 가다가

지난 발자국을 보며 함께 슬픔에 잠길 수 있는 것은

좋은 동행입니다

일생을 함께 하지만

서로의 기억이 다른 것은

우물 속에 자신만의 작은 우주를 가지고 살기 때문입니다

그렇더라도 우리는

처음도 끝도 없는 길을

낙엽을 밟으며 나란히 가고 있습니다

봄을 먹는다

길을 걷다가
초록으로 물든 가게 앞에 섰다

돌미나리 두 단
봄의 인삼 쑥 두 봉지를 샀다

돌미나리는 참기름에 무치고
쑥은 된장 풀어 국을 끓이고

다투어 나온 봄 향기에
밥 한 그릇 뚝딱!

세속의 때가 모두 벗겨지는 것 같다

더 이상 바랄 것이 없다
더 이상 욕심낼 것도 없다

당산나무

원당 마을 약수터 입구

오백오십 살 먹은 어른이 서 있다

숱한 비바람 북풍한설에도

든든한 산처럼 버티고 있는,

그의 그늘 아래에서

숱한 말발굽이 지나갔고

시퍼런 칼날이 춤을 추었을 것이다

다음 세대로 건너가는 길목

만남과 이별로

가슴도 아렸을 것이다

아무리 바람이 불어도

조금의 틈도 없는 것이

마을을 관장하는 어른다운 위용이다

봄이 오면 다시 잎을 틔우고

내가 잊어버린 어제를 모두 기억하고 있을 것이다

누에고치

산으로 들로 푸른 잎이 돋아나기 시작하면
뽕나무 잎들이 초록초록 피어난다

집집마다 어린 누에들이 뽕잎을 기다리고
우리는 뽕잎들을 따서
신나게 잠실로 달려갔다

사각사각 소리에 어린 누에가 자랐다
다 큰 누에는 입으로 비단실을 토해내고
고치는 하얀 관이 되고

고치 속 누에가 번데기가 되면
우리는 번데기를 삶아 배부르게 먹었다

먹을 것이 없어 늘 허기졌던 우리
번데기만 먹으면
힘이 불쑥불쑥 솟아났다

아버지는 시장에 가서

뻔

뻔

외쳤다

번데기는 우리의

어깨가 되고

종아리가 되고

학비가 되어 주었다

할머니가 얼레를 돌리면

누에고치 궁둥이에서는

할머니 하얀 머리카락 같은 실이 나왔다

할머니가 흥얼거리던 노래가

하얀 추억의 실타래가 되었다

누군들 사연이 없을까

어머니 뱃속에 누에처럼 웅크리고 있다가

고치 속 누에처럼 세상 밖으로 나와

첫울음을 터뜨린 우리는

상처받고

아프고

고달픈 삶을 살아간다

누에고치의 역사가

매끄러운 실크 속에 짜여 있는데

어찌 가볍게 입을 수 있으랴

흰 옷 한 벌 입고 떠나는

우리는 모두 누에고치다

내가 아는 한 사람

지게에 짐을 지고
산을 오르는 사람이 있다

휜 등과
갈퀴 같은 손이
그의 삶을 증명한다

아프면 아픈 대로
병원에 갈 생각도 하지 않고
비탈진 자갈길을 오르는 사람

어디에서 태어났는지
아버지 어머니가 누구인지도 모르는
그냥 산 사람

이름도 없고
다리 밑에서 주워 왔다는
별명만 있을 뿐

구부러진 나무들
친구 삼아 살다가
머리에 서리가 하얗다

등에 진
산의 무게가 얼마인지
입을 닫고 있어 우리는 모른다

세상은 패거리끼리
서로 잘났다고 따지기에 바쁜데

어떻게든 살아 보려는 사람들
착취하여
아파트 평수 늘리고
자식들 편하게 먹이느라
도둑질하기 바쁜데

어떻게 해도 안 된다고
높은 데만 바라보는 사람

그득한데

아무것도 모르는 그 사람

행복은 어디에 있을까

어머니가 머리를 풀어헤친 이유는 따로 있었다

봄비가 부슬부슬 내리고 있었다

미나리 삶아 고추장에 참기름 한 방울

달걀 한 개 톡 깨쳐

밥에 넣고 비벼 드시는 것을

좋아했던 아버지

병아리를 깨야 하니 알을 먹지 마라

할머니 핀잔 듣고

그날밤 아버지는 알을 소쿠리에 담았다

다섯 살 막내였던 나를

가슴에 안고 주무시다가

새벽녘 품에서 밀어낸 게 마지막이었다

아이 아홉을 낳고

아직 뱃속에 일곱 달 된 아이를

갖고 계시던 어머니

떠나버린 아버지를 향하여

통곡하기 시작했다

마루 밑 토방에서 긴 머리를 풀어헤치고

온 동네가 떠나도록 울부짖었다

어제인 듯 자주 떠오르는 화면이다

어느 날 문득 든 생각

전쟁 중에 아이 셋 가슴에 묻고

남은 아이 여섯 그리고

뱃속 아이까지 일곱을 데리고 살아야 하니

얼마나 막막했을까

아주 먼 옛날이긴 하지만

그 광경이 생생하게

가슴 깊이 새겨져

지금도 환청으로 들린다

봄비가 내리는 날이면

가끔 땅과 하늘이 나를 짓누른다

몸서리치는 그리움으로,

지워지지 않는 아픔으로,

꿈속에서 당신을 기다린다

말뚝

첫울음이 온 동네에 메아리칩니다
산까치가 찾아와 축하합니다
생명이 해산할 때 육천 마디의
기계들이 움직이고 수억 개의 작은 공들이 튀어오릅니다

방황하고 상처투성이가 되어도
생명처럼 귀한 것은 없습니다
우리 모두는 가엾은 존재이고
위로가 필요한 존재이며 치유가 필요합니다

돈은 필요조건이지
충분조건이 아닙니다

살아 있는 것은
그 무엇으로도 좌우할 수 없습니다

세상 어느 종합예술과도 바꿀 수 없는
존귀입니다

우리가 발버둥 치고
몸부림치고
모든 것을 버려도
생명은 가장 거룩한
지성소입니다

우 시장에는 중심이 있습니다
주인이 땅속에 깊이 박아 둔 것입니다

생명은 단단한 말뚝입니다
아무나 그것을 뽑을 수 없는
하늘과 땅의 약속입니다

그 준엄한 명령을 지켜야 합니다
우리의 밧줄을
그곳에 매달아서

비바람
찬 서리

모진 바람 불어도

버려서는 안 될

나라는 너라는 우리라는 생명의 말뚝을

함께 지켜야 합니다

꽃마차

아버지 품에서 잠들었는데
조근조근 속삭이는 음성이 들렸다

아가야 잘 살아라

마지막 말씀
어린 가슴에 깊이 새겨 놓던 새벽

돌비가 부슬부슬 뿌려댔다

갑자기 들려오는 비통한 울음이
담벼락 너머 메아리치고

마당 가득 몰려온 동네 사람들은
마당 한가운데 둥근 멍석을 폈다
멍석에선 화투판이 벌어졌다

한쪽에서 가마솥에 불을 붙이고
오래된 살구나무 밑동도 잘랐다

살구나무는 상여틀이 되었고
그 위에 소나무관이 얹혀졌다

만장 부대들이 앞서가고
어허야 어허야
어허 어허야
이제 가면 언제 오나
어허야 어야
꽃상여가 뒤를 잇고
구성진 노랫소리를 사람들이 따라 불렀다

나도 저 꽃마차 타고
해남 건너
제주선 빌려 타고 가고 싶던,

가슴에 이슬비 촉촉이 박힌
그 날이 잔칫날처럼 즐겁던
내 나이 다섯 살 때 일이다

뜰레미도 한철이다

온몸이 데일 듯
뜨거운 햇살 때문에
밀짚모자 쓰고 나섰다

송골송골 맺힌 땀방울이
등을 타고 흘러내린다

시원한 느티나무
그늘 아래
한잠 자려 하는데
어디서 귀를 찌르는 소리
심장을 파고든다

애벌레 껍질을 뚫고
세상에 나와
보름을 살다가는
우주를 토해내는 울음

뜰레미는 오늘도

흐느끼듯 가야금 한 곡조
거침없이 뜯어낸다

모든 게 한철이다

완행열차

아무리 멀어도 이웃집처럼 다닐 수 있어서

세계를 지구촌이라고 부른다

구석에 숨은 나라에서 벌어지는

궂은일도 기쁜 일도

번갯불처럼 눈에 들어오고

귀에 들린다

정말 이웃집 같다

공중에는 눈 깜짝할 새들이

지구 끝에서 끝으로 날아다닌다

빠른 게 최고라고 한다

무엇이든 빠르게 빠르게 외친다

고속버스

고속열차

고속성장

초고속 승진

집어삼킬 듯

빛의 속도보다 빠르다

문명도 빠르게 변한다

시골에서 살 때

서울 구경하러

아주 느린 완행열차를 타고 간 적이 있다

느리게 가는 열차 안에서

자다 깨다

오징어 땅콩 씹어가며

도란도란 설레며

서로 희망을 이야기했다

수직의 굴뚝 문화가

인간성을 다 빼앗아 갔다

초고속으로

본성이 따뜻한 심성을 파먹어 버렸다

빠른 성취가

빠른 멸망을 부르고 있다

배고픈 허수아비

벼들이 들판마다 황금색 파도 치던 가을은
코스모스도 한들한들 춤을 추었다

황금 들판에서 거둔 볏가마니는
곳간에 쌓이고

농부의 휘어진 등도 잠시 쉬어가던 계절

하얀 쌀밥을 지어
배부르게 먹고
논둑 길을 걸었다

빈 논에서 익은 메뚜기 뛰어다니고
참새들은 무리지어 재재재재
나락을 까먹느라
오르락내리락 거렸다

허수아비 홀로 서 있는 들판
너덜거리는 모자를 쓰고

바람결에 펄럭이는 옷을 입고

사람도 아닌 것이
입도 벙긋거리고
눈을 깜빡이며
인사를 하는데
언제나 뱃고래가 홀쭉했다

허상이라는 묘비

존재와 비존재가
혼돈 속에 상존한다
무와 유가 함께 있다

아버지의 씨가
어머니의 탯줄을 통해
세상의 빛을 보았다

작은 바람결에도
비틀거리는 갈대
본디의 흔들거림을 본다

무엇이든 손에 쥐고
붙잡으려고 사력을 다한다

손에 들어온 순간
모두 내 것 같지만 그것은
찰나,
모두 빠져나간다

돈과 권력의 다툼에서 드러난 추악함

모든 것은 허상이고
허무라는 묘비뿐이다

묘비도 남기지 말 일이다

다시 오지 않을 잔상

별들이 깜박거리는 밤
총총이 박힌 별들
멍석이 깔려있는 어머니 마당처럼
아스라하다

어머니는 담벼락 구석에
마르지 않은 풀을 왕겨 위에 덮고
모깃불을 지폈다

그럴 때면
매운 연기가 꼬리를 흔들며 하늘로 올라갔다

여름밤은 깊어가고
어머니 아버지 형 누나들
별처럼 모이면
멍석 위에도 하나둘 이야기 별이 돋았다

어머니는 우물 속에 매달아 둔
통수박을 꺼내어

뚜걱뚜걱 썰고
내 입 안에는 붉은 과즙이 먼저 고였다

엄마 손바닥만 한 수박 한 조각
우걱우걱 씹으면

시원한 단물이 몸 안으로 스며드는 것 같았다
그 여름밤 별똥별 하나가 길을 내고 있었다

2부 보이다가, 보이지 않다가

2부 보이다가, 보이지 않다가

역사의 부활

악의 무리가
굶주린 이리 떼가 되어 나타났다

놀란 토끼와 여우들이
허겁지겁 도망치고
광화문과 여의도를 거쳐
남태령 고개를 넘어
한강진 고개로 흩어졌다

세상 모든 곳에 불이 붙었다
뜨거운 불기둥이 입을 크게 벌리고 있다

때는 구름도 그늘도 없는
한겨울 정오를 지나는 중이었다

하늘도 입을 벌리고
땅은 갈라져
산산이 부서진 채
깊이깊이 숨었다

깊은 동굴 속에 빛이 한줄기 스며든다

모든 것이 잠자고 있는 것처럼 보여도

서서히 움직이는 것

바람이 불기 시작하는 것

꿈틀거리는 것들이 하나 둘 …,

무언가 일어날 것 같다

생명의 목줄을 억누르던 피노리에서

배신자에게 고발 당해

다리 잘린 녹두장군이 운암리와 고작골을 지나고 밤재를 넘어

갔을 때 처럼,

바람이 불어오고 있다

놀부 심보

청천 하늘에 날벼락이다
21세기 대한민국에
인면수심 짐승만도 못한 것이
공포의 칼을 휘두른다

45년 만에 무슨 개도 못 먹을 썩은 소리냐
이 정부 들어서고 2년 반 동안
민생은 파탄 나고
국격은 꼴찌요
빈부의 불평등은 에베레스트와 비례한다

임기 중 한 일은 정적 제거
정의로운 입 틀어막기
굴욕적 외교
식민지 노예살이 자처하고
혈세로 세계 여행
자기 부인 친인척 비리 막기
수시로 국민 협박을 안 하나
국민 자존감까지 짓밟기

철 지난 이념을 들먹이기
반국가 세력들 운운하기
멈출 줄 모르는 겁박에
박정희 전두환 노태우 따라하는 따라지

한심하다 한심하다 했는데
어느 깊은 밤
계엄까지 선포하네

자기 무덤 자기가 판 꼴
반역사 반민주의 주범이 되고
정신 못차린 아부 아첨자들 공범이네

민초들 우습게 보지마라
대한과 민국은 민초들이 지켜낸다

반복

계절도 오고 가고
우리도 오고 간다
만남이 있으면 이별도 있고
이별이 있으면 만남도 있지

처음 있었던 것을 그리워하는 것은
사람이라서,
기억하는 존재라서,
글을 담아두는 머리 그릇에
낙엽처럼 쌓아만 둔다

이 세상 모든 것들은
보이다가
보이지 않다가,

다시 오기를 바라는
지난 것도 있고

기억하기 싫은 것들

다시 오지 않기를 바라는 것들도 있다

공권의 폭력에도 뿌리 있을까

스러지지 않고 다시 돌아온다

두 번 있어서는 안 될 것들까지

다시 온다

벼 이삭에게 배운다

어릴 때부터
벼는 익을수록 고개를 숙인다는 말을 듣고 자랐다

인간은 누구나 권력의지가 있고
지배 욕구가 있다
초인이 되고 싶은 것이다

아프리카 히포의 감독은
첫째도
둘째도
셋째도
겸손이 필요하다고 했다

세상 구석구석에는
인간의 탐욕이
오만가지 악행을 저지른다

살인을 일삼고
약자의 피를 빨아먹는

악마들의 광기가

여지없이 혼돈을 생산한다

이런 일이 벌어질 때마다

노랗게 익은 벼 이삭을 생각한다

폭우

새벽같이 일어나 부산을 떨며

아침을 챙겨 먹고

지하철을 타고

십자가 그려진 하얀 집을 찾았다

밖에 나오니

하늘은 검고

큰 양동이로 퍼붓는 것처럼

물폭탄이 터진다

사람을 죽이는 폭탄 종류는

너무도 많다

불폭탄

관세폭탄

죽음의 행렬과

생명의 아우성들이 뒤섞여

심장도 요동친다

물폭탄을 뒤집어 쓴 나는
생명에는 지장이 없지만
물에 빠진 생쥐와 다름없다

앞도 안 보이게 내리는 폭우는
금방이라도 세상 전부를 쓸어갈 것 같다

도시가 바다로 변해
전어 떼가
아스팔트 위로 출몰할 것 같다

지끈지끈,
폭우에도 치통은 씻겨 가지 않는다

불꽃놀이

여의도 한복판에

철갑 두른 장갑차 앞세우고

용머리 살기 찬 계엄군들

개머리판으로 의사당 창문 부수고

노도와 같이 밀려 들어왔다

한밤중 시민들

십 리 길 멀다 않고 달려와

맨몸으로

총부리와 기갑차를 막아냈다

건물 안에서는

온갖 집기와 소화기를 뿌리며

목을 내놓고 막아섰다

그날이 다시 온 것일까

소년 소녀들이

냇가에서 물놀이를 하다가

계엄군의 무자비한 총에 죽어갔던 그날

청년 학생들

철봉에 맞아

꿈이 산산조각났던 그날

그때도 헬기는 하늘을 날았고

소낙비처럼 쏟아지는 총알을

광주 시민들은 고스란히 맞았다

그때의 광경들이 아직도 생생한데

여의도 한복판에 장갑차라니

군홧발로 개머리판으로

의사당 창문을 깨부수다니

휘몰아치는 뜨거운 바람이

하늘에 솟구치고

손에 손잡은 시민들이

평화로운 새벽으로 다시 돌려놓았다

역사의 카이로스가 임한 그, 새벽에

천상의 장로들이 회당에 모여
칼을 무력화하고
전율과 공포에 소름 끼치는
빗장을 풀었다

잠 못 든 모래알들이 떨며
새날이 동터 오기를 기도하며
마음을 모았다
이 땅에서 다시는 있어서는 안 된다

심장이 점점 조여온다
오장육부가 사시나무 떨듯 한다
감당 못할 태풍이 몰려온다
산더미 같은 파도가 덮친다

작은 물고기들이 헤엄을 치다
허공으로 솟아오른다

오와 열을 맞추고

어깨를 나란히 하고

역사의 심장을 뚫는 빛으로

어두운 거리에 촛불을 켠다

작은 반딧불이들 모여

천지가 진동할 새 혁명의 길을 밝힌다

아직 꿈은 끝나지 않았다

경계선

넘으려고 해도 넘을 수 없는 선이 있다

화려한 궁전
엄청난 권력
세계의 자본을 주무르는 다국적 기업
초국적 자본가의 검은 벽을 넘을 수 없다

보이지 않는 경계선을 그은 사람들

땅끝마을부터 걸어가도
넘으면 안 될 선이 기다리고 있다

청일전쟁 러일전쟁
열강의 각축장

불의한 권력이 칼을 휘둘러도
천 갈래 만 갈래 찢어지는
마음의 경계선은 움직일 수 없다

그래도 건너야 할 시간이 오면

거부할 수 없는 길을 가야 한다

손에 쥐고 있는

모든 것을 놓고서라도

건널 수 없는

그 경계선을 무너뜨려야 한다

밥통

밤새 뒤척이고 이런저런 생각에

잠 못 이루고 창문 너머 붉게

얼굴 내미는 해가 미소 짓는다

밀린 그릇들을 씻고

오늘도 칼바람 막아내는

옷을 벽 삼아 무장하고

현관문 열고 밖을 향한다

하늘 변전소에

전기 코드를 꽂으면

솥이 끓기 시작한다

견디다 못한 물방울들이

틈새를 뚫고 하얀 아지랑이 되어

달려 나온다

동서남북에서

밥통들이 끓는다

땅 밥통

거짓 밥통

탐욕 밥통

전쟁 밥통이

부글거린다

시대의 북풍한설

살을 에이는 칼바람

견디기 위해서는

문명의 오만함을 버리고

바닥으로부터 열기를 식혀야만 한다

죽은 바다가 있는 곳에서

낙타와 나귀가 있는 감람산에서

얼음이 녹지 않는 동토의 땅에서

체르노빌 죽음의 땅에서

붉은 용광로가 끓고

살고자 하는 생명들이 아우성치며

천지를 흔든다

밥이 다 된 밥통 뚜껑을 열어젖히고
큰 삽으로 떠서
내장의 빈 곳을 채운다

혹한 추위가 몰아친 불금 저녁도
반납하고 한남동 대관령
가는 길목

눈 내리는 밤을 새우며
품 안에 밥통 하나 감추고 있다

애먼 경호원 팔짱 끼워
문밖을 지키게 해놓고

철문 뒤에 숨은 비겁자도
철밥통 지키려는 것뿐

광화문 시국선언 집회가 있는 주말
식은땀 한 등 데워 집을 나선다

콜록거리는 독감 이기며
철밥통에 빼앗긴 작은 밥통
하나 찾기 위하여
대설주의보가 흉흉한 거리로 나선다

부활의 봄

미친 눈보라가 산야에 몰아치는 날
여의도와 남태령
한남동과 광화문을 훑고 지나갔다

촛불 파도가 물결을 이루고
눈 부릅뜨고 산 자들이 구름처럼
몰려들었다

봄의 전령 개나리
분홍 진달래가 흐드러지게 피어나고

얼어붙은 역사의 동토를 뚫고
약동하는 생명은
두꺼운 역사의 철판 위로 솟구친다
죽음의 기운들이 썰물처럼 물러나고

비로소 눈 덮인 머리 위로 동이 터온다

소녀의 기도

숭례문에서 여의도로

다시 광화문으로 남태령 고갯길로

한강진으로 칼바람 몰아치고

하얀 눈 흩뿌리는데

한밤을 지킨 전사들

공포와 두려움의 전율이

밀려오는데

함박눈을 위안 삼아

차가운 아스팔트 위에

무릎을 꿇고

평화가 오기를 간절히 빌었습니다

아무런 보상도 바라지 않았고

은박지 이불 삼아 검은 밤 보내고

따스한 봄날

다소곳이 피어나기를

새벽녘 정화수 떠 놓고

가족의 안녕을 바라던 어머니처럼

간절히 기도했습니다

긴 폭풍 속의 전야

두렵도록

잔잔한 고요와

혹은

어디서 튈지 모르는 불꽃이

수없이 교차하는 전선이었습니다

광장에서 소녀는

손을 모으고

두 무릎을 꿇어

이 나라의 역사와 평화를

악의 꽃이 물러나기를 기도하며

한밤을 꼬박 새웠습니다

역사

겹겹이 쌓인 심연의 울타리를
겨우 뚫고
무거운 쇠다리를 움직였다

땅은 서서히 불을 지피고 있었다
남에서
동에서
서에서

엉뚱한 망나니에게
칼을 쥐여주다니
나라를 맡기다니

시간이 흐를수록
들판은 달아올랐고
여의도 광장의 외침은 혁명의 소리

하늘과 땅을 들썩였다

시간이 갈수록

허탈과 좌절

절망의 가슴을 채울 길 없다

갇힌 마음은

천 길 낭떠러지로 떨어지고

존재의 무가 철벽을 친다

마음의 작은 틈새로

가느다란 빛줄기가 다가온다

어둠은 새벽을 몰고 오지 않는다

아이들이 동네 잔디 마당에서 편을 가른다
가위바위보
가위바위보

기마전을 벌이기 위해
가마를 만들고
꼭대기에 장수를 태우고
함성을 지른다

전투는 시작되었고
양쪽 팀의 눈에서는 불꽃이 튄다
어느 팀에 속할 것인가는
운명이라고 불린다

마침내는 선택하는 것에 달려 있다

준비는 끝났고
목표물은 설정되었으며
이제는 적을 무너뜨리는 것만 남아있다

만일 지게 된다면
우리의 민주와 자주독립 평화는
힘없이 무너진다

여우 같은 부인과
토끼 같은 아이들의
미래도 보장될 수가 없다
역사와 현실은 냉정하다
실존과 공동체의 희망은
부서지게 된다

거짓은 지속되고
어둠은 새벽을 몰고 오지 않는다
사람들의 탄식은 피눈물이 되고
생명을 담보할 길도 막혀버린다

삶은 선택의 연속이다
잘못하면 죽음을 피할 길이 없다
존재와 비존재를 구별하기도 힘이 든다

불의와 정의가 무엇인지는
분별할 수 있어야 한다

오늘 하루가 천년이 되고
천년의 복이 하루하루가 되어야 한다

사는 것 같이 사는 길은
창조하는 길이다

시위는 당겨졌고
고지에는
평화로 가는 깃발이 휘날려야 한다

지금 우리가 서 있는 곳은

지금 우리가 서 있는 곳은
북쪽인가
남쪽인가

쪼그라든 반도의 동굴
이념과 체제로 갈라져
피를 나눈 형제들
이산가족으로 산 지 70여 년

남으로 내려온 사람
북쪽 하늘만 바라보고
북으로 간 사람은 모르겠지만
서로 고향 땅 한 번 밟지 못한 채
거반 한 세기를 이어오고 있다

죽기 전에 어머니 손 한 번 잡고 싶어도
잡을 수 없고
내 아이 얼굴 한 번 볼 수 없으니
어디 산다고 볼 수 있으랴

나라를 운영하는 자 태반이
제국주의 눈치 보기
아부와 아첨하기

일제의 핍박으로
6·25 전쟁으로
슬픈 뿌리는 억울함으로
눈물을 삼키는데

남북 분단을 영구화하고
미군들의 달러 몇 푼에 유린당한
기지촌의 흔적들
상처를 싸매어줄 자 누군가

지금 우리가 서 있는 곳은 어디냐
우리는 지금 무엇을 할 수 있는가

한마음으로 실천했던 3·1 운동
총과 탱크에 맞선 민주 열사들

자주독립 민주화 이루었는데,

흰돌 강희남 목사
남북 평화 통일을 노래하며 주저 없이
광야에 몸을 던졌는데

국정농단 검찰독재가 웬 말이냐

그래도 여전히 밤을 지새워야 하고
고뇌의 깊이는
절벽 끝에 매달려 있다

평등은 오지 않을 것인가
자주도 민주 완성도 없고
독립 완성도 없다

민족의 허리는 더 깊은 칼날로
계곡을 이루고
평화도 통일도 멀어져만 간다

내 생애 이미 건너갔을까

우리 자식 대에는 올 것인가

내 손주 손녀가 어른 되면 올 것인가

우리가 촛불을 들고 먼저 나가 보자

우리의 아이들이 지치고 고단해

팔을 내려놓으려 할 때

그 손 치켜세우며 함께 나가자

백두산 두만강 대동강 평양 신의주

개마고원 함경도 금강산 묘향산

우뚝 선 나무와 흐드러진 풀과 꽃

자유롭게 날아다니는 새들과 나비 붙잡고

우리는 하나라고

하나가 된다는 것은 꿈이 아니라고

우리 설 곳을 함께 찾아 나서자

그날을 기다린다

태초에 생명은
어두운 세상 밝혀주는 빛을 원했다

어둠에 갇혔던 씨앗들도
새 세상을 기다렸다

바람이 불고
하늘과 땅에 천둥 벼락이 날아들고
유황비가 내렸다

생명들은 저마다 알을 깨고
밖으로 나오기 시작했다

그날부터
약육강식 적자생존
정글의 법칙대로
생명이 있는 것들은 생존을 위해 나갔다

각자의 모습을 만들어내고

그 무엇으로부터 인정을 받기 위해

경계하고 시기하고 질투했다

마침내 다툼이 전쟁까지 이르게 되었다

죽고 죽이는 세상

욕망의 모든 것을 표출했다

수억 년 수천만 년 동안

강자들은 약자들을 착취했다

심장이 터지고

살이 찢어지고

뼈가 부서져 피가 강을 이루었다

생명이 있는 것들은 지치고 목이 말랐다

허기진 삶을 살면서

어떤 것을 해도 만족하지 못했다

늘 방황의 길을 걸었다

세상이 바뀌고

정의가 강물처럼 흐르는,

온 우주가 사랑을 노래하는

새 세상이 올 거라고

사람들은 기다리고 또 기다렸다

사람이 사람답게 사는 세상

진실과 절제로 사는 세상

세대의 갈등이 없는 세상

양극화 없는 세상

골의 깊이가 메워지는 세상에

평화가 오기를 기다리고 또 기다렸다

억울함이 없고 차별이 없는 세상

서로를 존중하며

막힌 담이 허물어지는 세상

들숨 날숨처럼 자연스럽게 소통이 되는 세상

그날이 오기를 기다린다

그냥 살아보는 거다

추적추적 내리기 시작한 가을비가

쉴 새 없이 쏟아진다

바짓가랑이 옷소매가 물씬 젖었다

어렸을 때

비를 맞으면서도 즐겁게 학교 다니던 때가 있었다

옛 친구는 지금 어디에서 무엇을 할까

이런 날 그냥 우산 하나만 쓰고

분단 철책 DMZ

임진각 강화도 해안선 따라

아무 생각 없이 걷고 싶다

가다가 어스름 저녁이 되면

지붕 거둬 내고

하루를 씻어 내리면

묵은 때도 벗겨지겠지

어쩌다 지구촌 이곳 저곳

디아스포라 되어

고향 산천 등지고

낯선 땅에 뿌리내리고

백골을 묻었는가

여우도 이리도 아니고

울음만 뱉어내는 나는

오늘도 떠돌이

익숙한 목소리 들리는

왁자지껄 떠드는 동네 어귀에서

마음 달래며

혹시 옛 친구가 나올까 서성거리고 있다

민중을 생각한다

한 시간을 걷다가 길가 빈 의자에 앉았다

저녁이 다가오면서
산등성이에 붉은 빛이 서린다

이때쯤이면
고향집 굴뚝에선
아지랑이 같은 연기가 하늘로 올라가겠지

어머니는
해남으로 제주도로
비단 장사 나가시고

일곱 살 누님이
가마솥에 불을 때
모락모락 김이 오르는 따듯한 밥을 지었다

누님은 밥상 차려놓고
온종일 뛰놀기만 했던

철없는 개구쟁이 동생들을 불러댔다

동네 워리들은
누님이 부르는 소리에 덩달아
월월월 짖어대고

이른 아침
안개도 걷히기 전 나가서
친구들과
자치기 딱지치기 구슬치기 비석 맞추기
오재미 던지기 제기 차기 기마전에 빠져서
하루하루 보내던 유년

누님이 어머니 대신 살림하느라
동생들 챙기느라 다리 아픈 줄도 모르고
참새처럼 쫑알거렸다

어느 날 눈을 들어보니
길 건너에

꽃단장한 정의 공주 묘가

웅장하고 묵직하게

한자리 차지하고 있는 게 보였다

공주 무덤 옆에는

고단하게 일해도 늘 허름한

하노이 국숫집이 있다

공주는 죽은 지 몇백 년 지나도

양지 쪽에서 대접을 받고

무엇을 해도 가난한 민중들은

살아 있어도 너무 허름해서

죽은 자보다 못하게 살아간다

시간이 흐르고

역사도 흐르지만

이러한 모순들은 변함이 없다

불꽃

삼라만상 모든 만물에

불이 있다

길가에 아무렇게나 굴러다니는

돌멩이도

속에 불이 있나 보다

살짝만 건드려도 툭툭 튀는 것을 보니

담장마다 장미꽃이 핀 것이

불이 붙은 것 같다

저 불꽃이 사라지면

열매가 남겠지

어떤 일이 있든지

속에 불이 났다 꺼지면

열매 하나씩 맺으면 얼마나 좋을까

시월

가을 하늘이 높듯이
삶의 고개도
추수할 때까지 너무 높아
넘어서기까지 고비가 있다

문득 혼자된 친구 생각에
짠해지기도 하고

그냥 눈을 감고
귀에 온 신경을 모은다

풀벌레 소리
나뭇잎 떨어지는 소리
가을이 오는 소리 들린다

눈을 들어 하늘을 본다
구름이 가는 대로 따라나선다

오랫동안 잊고 살았던

농익은 친구와

달밤을 노래하고 싶다

영원의 길

유사 이래 생명들은

영원한 삶에 목말라했다

창조주가 만든

살아 있는 것들은

자손을 남겨서 종족을 이어간다

중국의 진시황제 부하들은

불로초를 찾아 세상을 헤매었고

자신 사후 무덤을 지키는 군사들을 빚어

무덤에 세웠다

욕심은 피를 불렀다

이집트 파라오의 미이라

죽음 이후를 보장받으려는

유물들은

권력자들의 흔적이다

영원을 꿈꾸는 것은 무엇인가

사후에도 이어지는 권력은

어디에도 없는데

수억만 년 전

고생대 신생대부터 대가 끊어지지 않는

식물 군락

공룡발자국

동물 화석들처럼

종족 보존하려는

민족과 국가,

무너졌던 가문의 부활

영원히 사는 것은 무엇인가

3부 만남과 이별은 동전의 양면이다

3부 만남과 이별은 동전의 양면이다

빨간 딱지

잊고 싶지만 잊히지 않는
추억이 하나 있다

어느 날 우락부락한 사내들이
구두를 신은 채 방 안으로 들이닥쳤다

영문도 모르는 어린 가슴은
두려움으로 벌벌 떨었다

호마이카 농과 살림살이에
빨간 딱지가 붙었다

그리고 얼마 후 그 물건들이
하나둘 집 밖으로 빠져나갔다

누나는 목 놓아 울었고
쿵쿵 발을 굴렀던
여린 내 마음에는
알 수 없는 분노가 일렁거렸다.

어머니와 형님, 누님, 그리고 동생과

포근한 보금자리에서

안심하고 살았던 시간들이

전쟁이 끝난 후처럼

난장판으로 바뀌었다

어머니에게 돈 빌린 사람들이

돈을 떼먹어 벌어진 일

마음 구석구석 빨간 딱지가 붙었다

우리 것이 남의 것이 되었다

갑자기 닥친 일들

드라마 같은 일들

어디든지 있을 테지만

어떤 어린 영혼이 영원히 상처받지 않기를 기도할 뿐

가을은 남자의 계절

그렇게 뜨겁던 여름이 긴 꼬리를 감추고

낯선 존재들이 사방에서
저 잘났다고 싸움을 한다

만남과 이별은
동전의 양면이다

만남이 있으면 이별도 있고
이별이 있으면 만남도 있으니

잊지 못해 그리움이 사무치는데
삶이 아름답다고 할 수 있는가

이별은 슬픈 것도
가슴 아픈 것도 아니다

혼자 흥얼거리는 노래일 뿐이다

정상

산 밑동에서 평지를 걸을 때는
힘들지 않고
숨도 차오르지 않는다

그렇다고 출발이 쉬운 것은 아니다

오를수록 다리도 뻐근하고
호흡은 깊어진다

마음 굳게 먹고
젖어드는 땀을 훑어내며
흙냄새와 부딪치는
마음가지에 등을 기댄다

하늘이 가까워지고
고지가 눈앞에 보이면
안심보다는
허망함이 몰려온다

무엇이지

해변가를 걷다가
느티나무 아래 의자에 앉아
시름을 달랜다

바다는 바람 불어 휘청거리는데
바다 한가운데
큰 뱀 한 마리 몸을 꼬아가며
파도를 타고 있다

벌떡 일어나
눈을 크게 뜨고 바라보았다

다시 보고
또 보고
한참을 보아도

여전히 제 자리에서
파도를 타는 뱀 한 마리

내 인생도

우리나라의 역사도

모두 파도가 부딪쳐 만든

돌뱀이다

제자리를 지키려고 해도

바람이 달려들어 잡고 흔든다

외세 침입은

오늘도 불고 있다

순례자의 길

모래알처럼 수많은 사람들이
이 길을 오고 갔을 것이다

때론 짐승들도 밟고 지나갔을 길

풀들도 서로 얽히어 살아가고 있다
꼭 가야만 하는 길이기에

비가 내려도
바람이 불어도
재난과 재앙 닥쳐도
어려운 고비를 만나 넘어져도
쓰러져 피가 철철 흘러도

멈출 수 없는 길이기에

나도 꼭 가야만 하는 숙명의 길

마지막 선물

새끼들이 어머니 살을 파먹고 자라

빈 껍데기만 남은 우렁이

우리 어머니는

우렁이처럼 얇은 살가죽만 남았었다

내가 다 파먹어

살이라곤 남은 게 없었다

먼 길 가지 말라고

어머니랑 같이 살면 안 되냐고 했다

매달리던 어머니 떨쳐내고

떠난 이역만리길

감자를 먹다가 맛이 있어서

처음으로 어머니에게 보낸 감자 몇 알이

마지막 선물이 되었다

잠이 넘치면 좋겠다

이른 아침 전철 안
의자에 앉은 사람들이
고개를 떨구고
고단한 잠을 자고 있다

충분한 숙면을 하지 못했거나
무슨 일로 밤을 지샜거나
노동의 피로가 쌓여 있었던 게다

젊은 사람 나이 든 사람 할 것 없이
끄덕끄덕
겸손한 세상을 꿈꾸고 있다

그들의 꿈은
쉬지 않고 일을 하는 것이다
나라를 건설하는 것도 아니고
놀고 먹는 것도 아니다

하루 종일 어딘가에서

가족과 나를 위해서
쉬지 않고 일을 하는 것이다
그것이 꿈같지 않은 꿈이지만
꿈은 늘 목숨줄을 들었다 놓았다 한다

쉴 시간 없이 일하지만
허기진 삶의 계곡은 깊어만 간다

내일의 희망은 어디에서 찾아야 하나

자도 자도 부족한 잠
넘치게 하고 싶다

동백나무 숲을 걸어갑니다

높고 험한 동백나무 숲을 오릅니다

가끔 지구봉을 오르다

빙산 계곡에서 몸을 묻는

사람도 있습니다

개미들이 자신보다 큰 먹이를 물고

힘겹게 산등성이를 넘어갑니다

숨가쁘게 인생 고개를 넘느라

발버둥 치고

지난날을 후회하며 땅을 치기도 합니다

휘어진 손목

상처 난 흔적들로

숲이 꺼지게 한숨을 내뱉습니다

동백나무 그림자를 밟고 오고 갔을

수많은 발걸음들

그 발걸음을 따라갑니다

붉은 해가

동백나무 숲을 넘어갑니다

이민의 삶

고향의 탯줄을 끊고
이민의 삶이 시작되었다

죽을 고비를 넘기고
자리를 잡는 데만 여러 해

이제는 되었다 생각했는데
삶에 충실하면 금방 벗어날 줄 알았는데
다시 위기가 왔다

어린 시절 가슴에 새긴 별은
늘 새로운 꿈을 꾸게 만든다

또 하나의 세상을 만들고 싶어졌다
세찬 비바람도 피하고
살결이 갈라지는 북풍한설도 피하려고

거친 바다를 헤치고
창공을 가르며

타국 땅으로 건너왔다

진짜 이민 생활이 시작된 것이다

어디를 가도 마음은 풍족하지가 않았다

타국을 청산하고

다시 돌아갈 꿈을 꾸고 있다

내 뿌리가 있는 그 곳으로

고요와 평화가 있는 곳으로

먹는 게 힘이다

도시 큰 길에는 온통 차들이 가득하다
출퇴근 시간이면 그것들은
성냥갑으로 줄 세워 놓은 듯 멈춰 있다

어디를 가든
좁은 샛길 골목에도
차들이 꽉 차 있다

때가 되면 어김없이 밥을 먹어야 산다
대로마다 긴 호스를 매달고
배고픈 차들을 기다린다

차들은 배가 고프면
채워줄 때까지 보챈다

입에 호스를 넣고
끄르륵 끄르륵 소리가 날 때까지
기름을 뽑아 올린다

차에 주유를 해야 하는 것은

사람이 사는 일과 연관성이 커서
아예 주린 창자가 튀어나오도록
넘치게 채워줄 때도 있다

허기를 다 채운 차나
주린 배를 다 채운 사람이나
생명의 근원인 힘은 모두 먹는 데서 나오고
먹는 게 힘이다

어제나 오늘이나
생물이나 무생물이나
허기진 배들이
신음한다

우리들의 허기진 영혼과
분단의 창자는
언제나 채워질까

마지막 잎새

가지에 애기 초록이 지워지고
검푸름이 너를 깊게 안았다

정오의 태양이 너를 삼키면
바람도 숨을 죽였다

단풍 옷을 입고
산과 들에서 시름 잊은 잎새들이
바닥으로 안착하고
파르르 떠는 겨울이 온다

날개 꺾인
새 한 마리처럼
마지막으로 떨어지는 잎새들

하얀 눈
벌판을 휘돌아
나뭇가지를 흔들 때

힘없이 두 손 펼치며
바람도 서러워 허공을 맴돈다

마지막 허공일지라도
슬퍼하지 말고
서러워 마라

봄은 배달 주소를 잊지 않는다

흔들리는 갈대

거대한 도시
하늘 찌르는 빌딩들
그것들이 있기까지
힘없는 노동자들이 얼마나 죽어갔을까

국민과 민중을 말하며
권력의 초인이 되는 지배자들

자본의 대통령이 되고자
다국적 초국적
초인의 정상을 오르는 자들

거기에 숱한 노동자들이
죽어갔다

로마 귀족들의
무덤을 만들기 위해
전쟁의 총알받이가 되기 위해
거짓된 영웅 칭호를 위해

속임수에 죽임을 당한다

인간이 인간을 속이고
죽이는 탐욕의 현장에서
우리는 어떤 시를 쓸까

생로병사
이별과 슬픔
상처투성이에서
우리는 무엇을 쓸까

지친 새들의 안식처는 어디에 있을까

날개 꺾인 새 한마리
도로 한복판에서
퍼드득 퍼드득 몸부림치고 있다

눈은 펑펑 쏟아지고
날은 저물어 가는데
모른 척할 수 없어
발걸음 멈추고
손수건 꺼내 감싸안아
헐렁한 호주머니에 넣어
집으로 데려왔다

살다 보니 다리 부러지고
허덕거리며 날지 못하는
날들이 허다하다

어떤 이는 높은 자리에 앉아
판검사 하면서
고슴도치도 자기 자식이 예쁘다고

국민들보다 자식부터 챙긴다

어떤 이는 고래등 같은 빌딩에서
세상을 호령하는 것도 부족해
갑질을 일삼는다

개천에 용 난다는 말은 옛말이고
모두 부모 잘 만난 덕이다

낮은 울타리도 넘지 못하는
지친 새들의 세상은
어디에도 없다

네 힘으로 푸른 창공으로 날아가는 날까지
새야, 검은부리 작은 새야
응원해 주마

개발

불의 발견

농사의 시작

인터넷

인공지능의 시대

문명이 축적된 시대

혼돈과 복잡한 실타래

아무도 풀 수 없어

우주의 블랙홀을 노린다

탐욕의 모순은 계속되고

소유와 지배의 전쟁도

그칠 날 없다

그래도 강물은 흐르고

바다는 강물을 품는다

계발이 개발을 만들었다

그래도 봄은 오고

꽃은 피어날 것이다

해저녁

남미 어느 곳에 미친 바람이 불고

창문을 여니 바람이 이마를 할퀸다

혼자는 아니건만

깊은 고독이 침잠한다

이 바람이 지나가면

다시 새봄이 오겠지

메마른 눈가에

보슬비 적실 테고

당신도 이슬비로 오겠지

창가의 달님 환하다

청아한 노랫소리 들린다

눈 내리는 밤

싸락눈이 싸락싸락 내린다

호롱 등잔불을 태우며
상상의 나래를 펴는
이야기 속

마음속 심지를 돋우며
까만 눈방울을 깜박거린다

오늘은 우산을 받쳐들고
흑백 사진을 조심조심 밟는다

지금은 모두 흩어져
소식을 모르는 친구들이
동네 어귀에서 손짓하며 부르는 것 같다

이란에서
이라크에서

지옥의 아귀다툼이

귓전을 강타해도

눈은 하염없이 흩뿌린다

가슴에 쌓인 눈 위에 평화라고 써본다

날꽃

어제만 해도
찬바람이 몰아쳐 몸을 움츠러들게 하더니
낮은 산등성이를 타고 오르니
햇살이 눈부시다

이른 봄 햇살이 움츠린 어깨를 펴게 한다

찬바람 휘몰아쳐
양지바른 언덕에 몸을 묻은 날꽃

작은 우주가 생성하던 날
천둥벼락 번갯불이
천하를 호령하던 때

시뻘건 불에 녹아 내리던
까마득한 바다에

고운 아지랑이로 손 흔들고 있다
햇살 포근한 품에 안겨

산 기슭에서 노랗게 네가 오기를 기다린다

<u>고 요</u>

비바람 천둥과 벼락도
깊은 잠에 빠졌다

눈살 찌푸리던
매미소리와 폭음도
숨을 죽인다

재잘거리는 참새들도
배달 오토바이 굉음도
잠시 쉬어가려나 보다

왁자지껄 떠드는 골목도
내 마음의 풍파도
잠잠한 호수가 된다

고요 속에 평화
단독자의 잔잔함

살아야지

모든 것이 얼어 있는 오후

햇볕이 창가로 스며든다
날씨가 얼어 노래하던 새
입이 얼어 붙었는지
고요하다

한가한 거리에서 생각한다
삭풍에 날개 꺾인 새

이 겨울 삭풍을 두려워하는 것은
새만이 아니었다

집에 들어와
두꺼운 옷을 몇 개
몸에 둘러 덮고 있는데
한기가 피부를 뚫고 들어온다

이 한겨울에도

쓰러져 가는 리어커에
찢어진 박스
구겨진 신문 쪼가리를 싣고 가는
할머니의 굽은 등을 본다

사연 없는 사람 없다, 다시
새벽 칼바람이 내 얼굴을 가른다

4부 기다리다 지친 지 오래되었습니다

기름 짜는 동산에서

죽음과 가난

불의한 모순들

실타래처럼 엉겨 붙은 짐승들

먹이통에 오묘한 모습으로 누워있다

구로동과 종로의 구불구불한 골목길을 지나

전갈과 불뱀들이 우글거리는

그늘과 구름도 없는

광야의 정오를 건너간다

밤이 찾아오면 얼어붙은 살갖

실오라기 없이

맨살을 훔치고

살 수 있는 분초를

수십억 세포로 세어본다

동십자각 앞 대행진의 대열

얼음의 도가니 잊은 채

은박지 담요 한 장 걸치고

어두운 길 헤쳐 가는

청년 선지자들

눈이 맑은 스물셋 그녀에게서

새 역사의 새벽을 읽는다

전쟁과 평화

성서 누가복음을 펼치면
하늘에는 영광
땅에는 평화를
선포한다

구약성서 히브리어로
평화는 샬롬이다
전쟁이 없는 그것이
평화이다

그러나 인간사는
전쟁의 연속이다

땅따먹기 역사

땅을 많이 정복한 자를
영웅이라 한다

전쟁에서 적을 물리친 자는

비석을 세우고 길이길이 숭상한다
본질상 인간의 탐욕과
소유 지배 욕망이
전쟁을 확대 재생산한다

가장 비참하고 참혹한 현상은
인간의 전쟁에 있다

실존에서 마주치는
생로병사
회복은 자연적 현실이다

전쟁은 자연적 현상이 아닌
인간의 탐욕에 의한 행동이다

이 전쟁은 막을 수가 없다

톨스토이의 전쟁문학
전쟁과 평화를 영화화한 동토에서

병사들이 죽어가는 장면이 떠오른다

몸이 얼어가는데도
전쟁을 하며 죽어간다

한겨울에 전쟁 중
부모 잃고
추위와 굶주림에
떠도는 어린 고아들을 본다

애써 인간 문명사를
긍정하고
찬양하며
그것에 아부와 아첨하는 것을 본다

평화는 무엇이란 말인가
전쟁이 없으면 평화가 찾아오는 것일까
불평등이 해소되고

정의가 강물처럼

모두에게 실감하는 평화

올 것인가

지금도 전쟁은 계속되고

평화는 그림자일 뿐이다

기다림

아지랑이 피어오르고
잉태된 생명은 빛을 보려고
햇살 쪽으로 목이 휩니다

깊은 물 속에 빠진 듯
벼랑 끝에
매달리는 것 같은 날들 연속입니다

진도 차가운 앞바다
그 아픈 이름들

온몸을 몸부림치며
세월호 유리창 밖을 향하여
엄마를 부르는 아이들
선생님을 부르는 아이들

아이들의 목소리 안 들리는 듯
거대한 꼬리 뒤로 빼고
깊은 바다로 침몰하던 세월호

잊을 수가 없습니다

서로의 꿈을 연대하자는

이태원 축제에서

청천벽력 같은 삶의 길 마감한 별들

순간 가슴 찢어지던 아픔

지울 수가 없습니다

생명을 잉태하고

낳아 기르고

살과 **뼈**를 나눠 준 아이들을

한순간에 잃고 통곡하던 부모들

잊을 수가 없습니다

하늘의 정의를

기다리다 지친 지 오래되었습니다

부르다 목이 메이고

입술이 굳어 벽이 되었습니다

기다림이 너무 아파서…
눈물샘이 말랐습니다

그래도 기다립니다
할 수 있는 게
기다림 밖에 없어서

동지

우리는 혼자가 아닙니다

고향에는 친구들이 있고

전쟁터에는 전우가 있고

학교에는 학우가 있고

직장에는 동료가 있습니다

치열하게 경쟁하느라

서로 갈등을 멈출 수 없는

우리는 사회적 정치적 동물이지만

그래도 다시

깨진 관계를 회복하고

실타래처럼 얽히고설킨 문제들을 풀어 가려는

해결의 능력도 있습니다

일제 식민 치하에서

목숨을 던지며 독립을 쟁취하기 위해

동지들이 있었습니다

체제와 이념의 예민한 대결 속에서도

동지들이 있었습니다

손과 발이 동상에 걸려 썩어가는

벌판에서도

식은 감자를 나누어 먹고

탱크와 헬기에서 빗발치듯 쏟아지는

총탄 아래에서도

피 흘리며 주먹밥을 함께 나누었습니다

동지들이 흘린 피가 오늘은

검붉은 장미로

얼굴을 내밀고 있습니다

광장에서도

거리에서도

계엄의 공포로

심장이 조여들지만

새 역사는 다시 쓰여질 것입니다

죽음이 생명을 이길 수 없습니다

총칼이 아무리 날카로워도
전진을 막을 수 없습니다

악마의 권력을 심판하는 재판관도
새날이 오는 것을 막을 수는 없습니다

밤이 낮이 되고
꽃은 열매가 될 것입니다

지구가 부서진다 해도
태양은 불타오를 것입니다

우리는 혼자가 아닙니다

두 개의 얼굴

해방공간 3년 이후

동두천 용산 이태원 대구 군산에

북의 침략을 막기 위한 명분으로

돗자리 깔고 드러누운 군부대

80년이 지났다

꽃다운 누나 동생들이

주둔군에게 청춘을 송두리째 빼앗기고

가난이라는 볼모로 이역만리

아메리카에 끌려갔다

그들은 집에 갇힌 채

언어도 운전도 가르치지 않고

성 착취를 당해 주름살만 늘고

검은 머리 파뿌리가 되었다

성장한 자식에게 멸시받고

고국에서 천대받는 희생양들

끝이 없는 가슴 문드러지는 사연들

어둡고 험한 가시밭길로

하늘만 응시하며 피눈물만

심장을 타고 흐른다

어디 1·4후퇴 때 고향 잃은

천만의 사연만 있겠는가

불볕에 시들어진 마른 풀같이

손발 묶인 노래가 있다

삼천리금수강산 수놓은 치마 입고

산들바람에 뽐내던 몸뚱아리

허리 잘리고

피범벅 되어

내를 이루고

강이 되어

바다로 간 지 팔십 성상이다

차마 볼세라

고운 얼굴도 반쪽 되어

오천 년 한으로 얼룩진 통곡도

철철이 쌓인 뼛속 아픔

별과 달이 되어

가슴을 찢는다

쇠사슬 빗장 풀고

펄펄 날던 골목의 외침들이

벼랑 끝에 걸렸다

한여름 매미가 수명을 다한 듯

소리가 줄어들고

넋 나간 아주머니

먼 타국에서

먼 산만 바라본다

선 평화 후 통일

선 통일 후 평화
아니 평화 공존
남북 번영

만나야 한다
남북 민간이 왕래하고
대결의 모든 장애물은 제거해야 한다
평화가 경제이다

디아스포라

별들이 노래하며 속삭이는 밤
숨죽이며 찾아온 검은 손들이
목을 조이며 말하였다

이제 그만, 이곳을 떠나라

보따리 하나 등에 메고
산 넘고 강 건너
칠흑 같은
가시밭길을 헤치며

걷고
또 걷고

천 리 길 아니
가늠할 수 없는 아득한
골짜기를 건너왔다

뻐꾸기 두견새 노래하고

청보리 황금빛 옷을 갈아입는 곳
가지가지 사연 실타래 업고
한여름 울어대는 매미의 목이
깊은 여울에 잠겨버렸다

울 밑에 봉숭아 누나의 꿈 이루고
내가 걸어 온 자국들이
핏빛처럼 서러워도
상처투성이 죽음들이 판치는
지구를 토닥인다

내 아들 딸
잘 살라고
80년간 단절된 분단의 허리 펴달라고
이기적인 전쟁 멈추고
평화의 세상 되라고

콩 한 쪽 나누어 웃음꽃 피우고
껍데기는 가고

알곡들로 채워 달라고

고향과 집 떠나 모진 세월 이겨 낸

내 형제자매들의 한 많은 등

매일매일

새벽기도로 토닥여 본다

피리 부는 청년이 있었다

청년이 있었다

회당에서 상을 엎고

회초리를 들어 장사꾼들을 후려치며

땅이 떠나갈 듯

돌기둥이 무너질 듯

꾸짖는 청년이 있었다

그는 자랑할 것이 없는

초라한 가문에서 울음을 터뜨리고

태어나자마자 버려진 존재

흑암과 어둠이 짙게 드리워진

이방인들

소작농들

병들고 먹을 것이 없어

끄르륵 끄르륵 소리 나는

창자를 움켜쥐고

삶을 운명처럼
체념을 강요받는 사람들

문맹의 사람들과
먹고 마시며
그들의 한을 달래고
등을 토닥이며
악마의 힘을 쫓는
불같은 성정

그는 이 세상을 두려워하지 않았다
그는 권력에 아부하지 않았다
그는 맘몬에 굴복하지 않았다
그는 썩을 것에 머리를 조아리지 않았다

그는 바람과 같은 존재이다
그는 피리 하나 손에 들고
땅과 하늘의 창공을 흔들어댄다
그는 이 세상 그 무엇에게도

절하지 않는다
그는 빛을 발하는 사람이다
그의 눈은 불꽃이 이글거린다
그의 가슴은 모든 것을 녹아내는
용광로이다

그는 피리 부는 떠돌이다

어디에도 안전한 나라는 없다

신세기 시작한 이래
그해 가을 열하룻날
에베레스트처럼 높은 쌍둥이 기둥이
뉴욕시티 한가운데 꼿꼿하게 서 있었다
마천루처럼 솟아오른 기둥
지구촌 사람들 편을 가르던 곳

어릴 적
친구들과 가위바위보로 편가르고
나무 깎아 긴 칼을 만들어
다른 편 몸뚱이 향해
칼을 겨눈 적이 있었다

빈 곳이 보이면
가차 없이 찌르고 베기를
멈추지 않았던 때

지금은 지구촌 전체가
누가 더 높은가

창공을 향하여

높이높이 더 높이

장대를 세운다

깃발을 먼저 꽂는 자가 임자

레고블록 같은 빌딩들이 우뚝 솟을 때

죄가 하나씩 가려진다

모두가 희망의 축사 안에서

천상을 기다리는데

하늘을 나는 큰 새 두 마리

시멘트 기둥의 허리를 뚫었다

빌딩은 엿가락처럼 오그라들고

사자의 울음소리를 냈다

불이 빌딩을 뒤덮고

도시는 지옥의 아비규환으로 변했다

아!

어디에도 안전한 곳은 없었다

우리를 지켜줄 그 무엇도 없었다

인간들이 만든 오만한 문명은

자신들의 몸을 부수고 찢는다

그들은 깨우쳤을까

비석 세우는 날이

허상이라는 것을

단테의 연옥이 아니라

그동안 감춘

지옥의 시나리오가 연출되는 시간이었다

베토벤의 교향곡 운명이

파도를 치고

지휘자의 지휘봉이 멈췄다

달밤의 소나타는 사라지고

모든 것은 숨을 죽였다

죽음의 메아리만 어둠 속에서 요동쳤다

164

세계 어떤 언어도
이 한계상황을 표현할 수 없었다

눈이
귀가
입이
수십억 신경세포가
의미가 없어졌다

허망하게 무너져내린
거대한 쌍둥이 빌딩

가끔,
눈앞에서 벌어졌던 그 광경이
실타래가 엉킨 것처럼
머릿속을 뭉쳐놓는다

머리를 돌망치로 친다

죽을 때까지 끝나지 않을 것 같은

두려움이 뼛속에 박혀있다

그래도

지옥을 딛고 다시

살 집을 짓는다

이건 아니지

먹을 것을 구하지 못한 맹수들이

자신의 새끼를 잡아먹으려고 하는 것

평생을 동지로 살아온 친구를

원수에게 팔아넘기는 것

자신의 갈 길을 가르쳐 준 스승을

함정 속으로 몰아넣는 것

열 달을 뱃속에 품었다가

세상의 빛을 보게 한 어머니를 학대하는 것

허리가 휘도록 노동하여

가족을 돌본 아버지를 슬프게 하는 것

절대 안 될 일이다

권력을 위임한 국민을 배신하고

총부리와 탱크를 몰고 온 자

평생 모든 권력을 향유하며 살아가는 자

노동자와 민중을 팔아서

추악한 권력의 자리에 선 자

노동자와 민중들을 억압하고 착취하는 자

하나님의 이름을 빌어

선민의 삶을 주장하는 자

생명을 죽이는 자

신과 부모의 은혜를 저버리는 자

용서하면 안 될 일이다

독립을 위해서 가족을 버리고

생명을 버리고

모든 재산을 바친 투사를

외면해서는 안 될 일이다

AI와 로봇이 지배하고

핵이 위협하고

기후가 온 세상을 삼키는 세상이라도

삶을 포기해서는 안 될 일이다

탐욕과 욕망의 끝은 죽음일 뿐이다

경쟁에 밀릴지라도

싸움에서 패할지라도

생명은 천하보다 귀하다는 것을

잊어서는 안 될 일이다

뚜껑이 열린다

지구촌 여기저기서 마구 불을 땐다
밤마다 화마를
어두운 창공으로
쏘아 올린다

힘없는 사람들은
피할 자유도 없다

러시아에서 우크라이나로
모스크바에서
키이우로
미사일을 날리고 있다

애꿎은 불꽃놀이가
숱한 생명을
앗아간다

거짓 평화
썩은 문명의 쓰레기들이

삶의 근본을
태우고 있다

오!
저 죄를 모두 어쩔 것인가
두 눈을 질끈 감는다

질문

문명을 만드는 사람들은 호기심이 많다

그리고 나름 대답을 잘한다

묻는 것은 항상 답을 전제로 한다

생각하는 존재

지구는 둥글다고 말한 용기 있는 사람

하지만 흔들리는 갈대

신을 믿는 사람들은 그를

신의 이름으로 사형을 했다

신이 모든 것을 창조했다

아니다 단세포가

진화해서 오늘의 존재가 있다

믿음과 이성

과학과 신앙 이것들은

평행선이고 동시에 함께 간다

끊임없는 실험과 증명이 있어야 학문이다

추상적인 것과 관념적인 것은 학문이 아니다

실용적인 것이 삶의 원천이다

과학이 오늘의 것을 해결해 줄 것이다

그럴 수 있을까

삶의 법칙은 자연의 이치에 준한다

자연에 도전하고 극복하는 것이 살길이다

생명은 오고 간다

나고 죽는다

모든 것은 때가 있다

심을 때가 있고

뽑을 때가 있다

문제는 끝이 없고

사건 사고는 계속된다

인간은 악을 만들고

그것들을 탓한다

인간이 만든 것 중

가장 어려운 것이 종교라는 영역이다

철학 문학 경제학 사회과학 순수과학

수없는 분야가 있지만

배부르고 소유욕과 업적을 지향한다

모든 것은 없고

모든 것은 존재한다

모든 것은 존재하고

모든 것은 사라진다

역사와 학문이 발전한다고

주장하고 믿으려 한다

변명과 합리화가 계속되고

아직도 미지의 세계는 끝이 없다

사물을 보는 것

해석과 이해가 다르다

서로 다른 것을 인정하려 하지 않는다

화장실 갈 때와 나올 때가 다르다

종교와 자본 종교와 권력이

따로가 아니다

이러한 질문도 그칠 날이 있다

삶은 관계를 지속해야 한다

이것도 그칠 날이 있다

질문과 답이

문명사의 발전이라 한다

소유와 탐욕의 억제할 수 없는 존재들

시기와 질투와 미움

그리고 싸움과 전쟁을 끝없이 한다

지배욕과 권력의지 중독의 울타리에서

허덕이는 존재

이 모든 것도 그칠 날이 있다

어제나 오늘이나 난민이 넘쳐난다

이제는 전쟁이 아닌 환경 난민들이

넘쳐날 것이다

우리 현재는 AI가 지배한다

그리고 AI를 지배할 존재들이

기다리고 있다

계속되는 질문과 대답은

끝이 아니다

패권과 생존의 경쟁은 멈추지 않는다

자리다툼의 연속

제국과 식민

아부와 아첨의 한계상황

한반도의 분단은 영구적인가

두 동강 난 허리

날이 흐리고 비가 올라치면 허리가 아프단다

쑤시고 결리고 몸이 뒤틀리기까지 한다

조선 오백 년 나라가 풍전등화가 되고

구한말 굶주린 이리떼들이 인절미 한 조각을 집어삼키고

혀를 날름거리며 으르렁대던 날

러일전쟁과 청일전쟁에서 승리한 일제가

마침내 강제 을사늑약을 체결하고 통째로 병합하였다

홍범도 김좌진 이봉창 윤봉길

수많은 독립투사들과

민중과 선열의 붉은 핏값으로

1945년 8월 15일 찢어진 광복을 맞이하기는 했다

그러나 영국 미국 소련 더 정확히 말하면 미국과 구소련의

세계 패권의 야욕과 이념으로 한민족의 의사와는 상관없이

나라는 두 동강 나고 어지럽고 혼란한 해방 공간 3년을

북쪽은 소련 점령군이 남쪽은 미 제국주의 점령군이 지배하는

분단국가가 되었다

이것은 해방도 아니고 광복도 아니었다

우리가 원하는 독립은 더더욱 아니었다

씻을 수 없고 지울 수 없는

한 많은 역사가 시작된

분열의 시발점이었다

36년 아니 정확히 사십일 년의 세월

그 억압과 착취 설움에서

벗어나고자 얼마나 몸부림치고

견딜 수 없는 고문을 수천만 번 당하고

세계 곳곳에서 얼마나 많은 피의 강을 이루었던가

깊은 한숨과 탄식

굶주림으로 배를 움켜쥔 채 울부짖는 소리가

하늘과 땅을 흔든 적, 몇 번이었던가

그리고 정말 있어서는 안 될

동족상잔의 비극이 깊어

끝내 아물지 않고

깊이를 잴 수도 없고

이해하려고 해도 닿을 수 없는

그 아픔을 간직하였다

어언 팔십 년이 흘러가고 있다

우리 못난 조상 탓인가

무능한 지금의 우리 탓인가

아니면 세계의 패권을 노략질하는

제국주의 탓인가

이 허기진 역사를 누가 채울 것인가

깊고 넓은 강을 어떻게 건널 것인가

날이 궂고 비가 내릴 때면

허리가 아프고 저려온다

분단 통한의 날들을

어떻게 극복할 수 있는가

서리서리 뼈가 부서지고

오장육부 쥐락펴락하는

이날은 가고

찬란한 태양이 떠오를 것이다

그날은 올 것이다

모든 역사의 불순물들을

용광로에 녹여

정금 같은 집을 세울 것이다

정신만 차리면

호랑이가 물어가도 살아날 것이고

불 속으로 들어가고

큰물을 건너도

대한민국이라는 호랑이

허리 쭉 펴고 날아오르는

그날 반드시 올 것이다

기억 위에 세워진 존재
-증언으로서의 시

주선미 (시인)

프롤로그_기억은 존재의 기원이다

한 인간이 자신의 삶을 돌아볼 때, 가장 먼저 마주하는 것은 지나간 기억이다. 기억은 단순히 과거를 떠올리는 행위가 아니라, 자신이 누구이며 무엇으로 이루어져 있는가를 비추어 주는 존재의 근원이다. 지금의 나는 오직 현재에만 서 있는 존재가 아니라, 지나온 시간들과 그 시간 속에서 겪어 온 수많은 순간들 위에 서 있는 존재이기 때문이다. 홍성표 시인의 시편들은 바로 그 기억의 깊은 자리에서 길어 올린 존재의 기록이다. 시인은 자신의 삶을 구성해 온 사건들, 특히 상실과 고통, 그리고 희생의 순간들을 외면하지 않는다.

오히려 그 기억들을 조용히 불러내어, 자신의 존재가 어디에서 비롯되었는지를 시의 언어로 증언한다. 그 언어는 삶을 미화하거나 감추기 위한 것이 아니라, 존재의 진실을 있는 그대로 바라보려는 태도에서 비롯된 것이다. 1955년에 태어난 시인은 격동의 대한민국을 온몸으로 통과해 온 세대에 속한다. 전쟁의 여파와 가난, 급격한 사회의 변화 속에서 살아낸 시간들은 한 개인의 삶을 넘어, 시대의 흔적으로 그의 내면에 새겨져 있다. 이 시집의 시편들은 바로 그러한 시간 속에서 접혀 있던 삶의 페이지들을 다시 펼쳐 보이는 일이며, 그 기억을 통해 자신과 삶의 의미를 되묻는 과정이다. 이 시집에서 시는 단순한 서정의 표현이 아니라, 살아남은 자의 고백이며 동시에 증언이다. 그것은 자신을 가능하게 했던 시간들과 존재들을 잊지 않으려는 윤리적 행위이며, 기억을 통해 비로소 자신의 존재를 이해하려는 내면의 여정이다. 이 시집은 그렇게 기억에서 시작된다. 그리고 그 기억의 언어를 통해, 한 인간이 어떻게 지금의 자신으로 서 있게 되었는지를 조용히 보여준다.

논에 물이 출렁거리고

돼지풀이 하늘 높이 목을 쳐들 때

둥둥 떠다녔던 우렁이 빈 껍질

우렁이 새끼들은

어미의 살을 먹고 자란다

화약 연기가 가시지 않았던 그즈음

오곡이 무르익는 수확의 계절

어머니는 반짝이는 별 하나를 낳았다

내가 네 살 때

아버지는 세상을 등지고

어머니는 모진 세월을 만났다

함평천지에서

해남으로 건너 가서

제주 가는 배 빌려 타고

장사를 다니셨다

집 안은 항상 우글거렸고

시끄럽고 북적거렸다

제비처럼 입 벌리는 새끼들을

먹이고 입히기 위하여

어머니는 큰 비단 보따리 머리에 이고지고

몇십 리 오일장을 걸어 다니기도 했다

머리에 인 짐보다

기다리는 새끼들의 입이

더 무거웠을 서른아홉 나이

남편이 남긴 산보다 큰 짐은

장수의 용기가 아니고는

감당할 수 없는 것이다

그런 어머니에게

따듯한 밥 한 번

용돈 한 번 주지 못한 불효자식

난 새끼우렁이였다

빈 껍질 우렁이 어머니는

저 하늘 별이 되어서도

내 곁을 지킬 것이다

일제강점기와 민족 전쟁을

온몸으로 싸안고

보릿고개 굽이굽이 넘어온

어머니의 가시밭길

우렁이 껍질을 볼 때마다

목이 메고

밥이 넘어가지 않는다

나는 지금도
어머니가 남긴 사랑을
파먹고 산다

-「어머니」 전문

　「어머니」는 일반적인 서정시의 미학적 언어로 구성된 작품이라기보다, 한 인간의 실존적 증언이자 신앙적 고백이며, 동시에 역사적 기억의 서사시적 단편에 가깝다. 특히 목회자이자 노동운동가, 통일운동가로 살아온 시인의 생애를 고려할 때, 이 시는 단순한 모성 찬가를 넘어 '희생으로 구성된 존재의 기원'에 대한 신학적·윤리적 성찰로 읽을 수 있다. 홍성표 시인의 어머니는 10남매를 출산하셨으나 전쟁 중에 세 명의 아이를 가슴에 묻었다. 아무리 먹고 사는데 급급하다고 할지라도 아이를 잃은 어머니의 아픔을 표현할 방법은 없을 것이다. 하지만 남아 있는 아이들을 키우느라 어머니는 아픔을 딛고 당시 여성으로서 보기 드문 행보를 보인다. 어머니의 삶을 계속 함께 해온 시인은 시의 형식을 빌어 그런 삶을 사신 어머니의 행적을 하나하나 펼쳐 놓는다.
　우선, 「어머니」의 핵심 구조와 의미를 단계적으로 살펴보면, 생명의 근원으로서 자기 희생적인 어머니를 우렁이로 환유하고 있음을 알 수 있다. 여기서 우렁이는 단순히 희생적인 삶을 살았던 어머니를 비유하는 은유에 머물지 않고, 존재론적 은유로 기능한다. 우렁이는 실제로 산란 이후 죽고, 껍질만 남는다. 시인은 이러한 생태적 사실을 통해 '어머니의 희생으로 자식이 생존하고, 어머니의 소멸은 곧 자식의 존재로 이어지며, 어머니의 죽음은 자식의 지속으로 전환된다'는 존재의 근원적 구조를 형상화한다. 이는 단순한 모성애의 찬양이 아니라, '나는 나 자신의 힘으로 존재하는 것이 아니라 타자의 희생 위에 존재한다'는 존재론적·윤리적 자각을 드러낸다.

"우렁이 새끼들은/ 어미의 살을 먹고 자란다/ 어머니의 살을 파먹고/ 난 지금까지 살았다/ 나는 지금도/ 어머니가 남긴 사랑을/ 파먹고 산다."

특히 "어머니의 살을 먹고 산다"는 표현은 충격적일 만큼 직설적이다. 그러나 이 표현은 과장이 아니라, 자신의 존재가 철저히 타자의 희생에 빚지고 있음을 인식하는 급진적인 자기 인식의 선언이다. 이러한 점에서 이 시는 단순한 회상이 아니라, 속죄적 고백(confession)의 성격을 띤다.

또한 이 시의 중요한 특징은 '어머니'가 단순한 개인적 존재에 머무르지 않고 점차 역사적 존재로 확장된다는 점이다.

"일제강점기와 민족 전쟁을/ 온몸으로 싸안고/ 보릿고개 굽이굽이 넘어온/ 어머니의 가시밭길"에서 어머니는 더 이상 개인이 아니다. 식민지 시대를 견뎌낸 존재이자 전쟁을 통과한 존재이며, 가난과 보릿고개를 넘어온 존재로 형상화된다. 즉, 굴곡진 역사적 주체로 확장되는 것이다. 이 지점은 매우 중요한 전환점이다. 왜냐하면 어머니는 개인적 존재를 넘어 '역사적 어머니'이며 동시에 '민족적 어머니'로 재구성되기 때문이다.

이러한 확장은 시인의 생애, 특히 통일운동과 노동운동에 헌신한 삶과 깊이 연결된다. 다시 말해, 시인의 윤리적·정치적 실천은 추상적 이념에서 비롯된 것이 아니라, 희생하는 어머니의 몸에 대한 기억이라는 구체적 체험에서 출발했음을 보여준다.

또한 다음 예문에서 보듯이 시인은 어머니의 노동을 매우 구체적인 장면으로 형상화한다.

"큰 비단 보따리 머리에 이고지고/ 몇 십리 걸어 다니며/ 오일장을 보았다/ 머리에 인 짐보다/ 기다리는 새끼들의 입이/ 더 무거웠을 것이다"

이 부분에서 주목할 점은 '짐의 무게'가 물리적 차원을 넘어 윤리적 차원으로 전환된다는 것이다. 어머니가 짊어진 것은 단순한 생계의 무게가 아니라, 자식의 생존을 책임지는 존재적 무게이다. '머리에 인 짐'보다 '기다리는 입'이 더 무겁다는 표현은 물리적 무게가 아닌 책임의 무게를 형상화하는 장면이다. 이는 목회자로서 시인이 경험한 고통받는 노동자와 가난한 민중, 소외된 존재들에 대한 감수성과 깊이 연결되는 지점이기도 하다.

다음에서 어머니는 죽음 이후에도 소멸하지 않는 존재로 형상화된다. "빈 껍질 우렁이 어머니는/ 저 하늘 별이 되어서도/ 내 곁을 지킬 것이다"에서 '별'은 단순한 자연 이미지가 아니라, 영적 존재로의 변형을 상징하며 기독교적 세계관과 깊이 연결된다. 어머니는 육체적으로는 사라졌지만 완전히 소멸한 것이 아니라, 다른 존재 형식으로 전환되어 여전히 화자를 보호하고 동행하는 존재로 남는다. 이는 단순한 기억의 차원을 넘어, 초월적 동행에 대한 신앙적 확신을 드러낸다.

결국 「어머니」는 개인적 회상을 넘어, 존재의 근원이 타자의 희생 위에 구성되어 있음을 고백하는 존재론적 성찰이며, 동시에 역사적 고통을 몸으로 견뎌낸 어머니의 삶을 통해 민족의 기억과 윤리적 책임을 환기하는 시적 증언이다. 이 시에서 어머니는 단순한 가족 구성원이 아니라, 생명의 근원이자 역사적 증인이며, 죽음 이후에도 지속되는 영적 존재로 형상화된다. 마지막 부분의 "우렁이 텅 빈 껍질을 볼 때마다/ 목이 메고/ 밥이 넘어가지 않는다"는 구절은 어머니의 죽음 이후에도 지속되는 죄책감과 애도의 시간을 압축적으로 보여준다. 우렁이의 빈 껍질을 통해 어머니가 살아 있었던 시간 즉 존재가 보호받고 있었던시간, 존재가 온전했던 시간을 회고한다. 이는 현재의 상실을 보여주는 동시에 과거, 존재의 완전성을 불러오는 매개가 된다. 시인은 어머니가 돌아가신 뒤, 어머니가 살던 곳을 여러 해 동안 거닐며 목이 메어 걷고 또 걸었다는 이야기를 한 적이 있다. 특히 감자가 너무 맛있어 어머니께 보내드렸는데, 무언가를 드시다 목에 걸려 돌아가셨다는 소식을 듣고, 혹시 자신이 보낸 감자를 드시다가 그런 일이 일어난 것은 아닌지 오랫동안 자책하며 괴로워했다고 한다. 살아 있는 동안 따뜻한 밥 한 번 제대로 대접하지 못했다는 기억은, 이후 그의 삶 속에서 지워지지 않는 윤리적 상흔으로 남았을 것이다.

부모를 떠나보낸 뒤 사람들은 대개 잘해 드리지 못한 기억만을 떠올리며 스스로를 책망하곤 한다. 홍성표 시인 역시 예외가 아니었을 것이다. 그러나 이러한 자책은 단순한 개인적 후회를 넘어, 자신의 존재가 어머니의 희생 위에 세워져 있다는 사실에 대한 근원적 자각에서 비롯된 것이다. 그런 점에서 이 시의 슬픔은 상실의 슬픔에 머무르지 않고, 존재의 근원을 향한 윤리적 각성과 속죄의 감정으로 확장된다.

잊고 싶지만 잊히지 않는
추억이 하나 있다

어느 날 우락부락한 사내들이
구두를 신은 채 방 안으로 들이닥쳤다

영문도 모르는 어린 가슴은
두려움으로 벌벌 떨었다

호마이카 농과 살림살이들에

빨간 딱지가 붙었다

그리고 얼마 후 그 물건들이

하나둘 집 밖으로 빠져나갔다

누나는 목 놓아 울었고

쿵쿵 발을 굴렀던

여린 내 마음에는

알 수 없는 분노가 일렁거렸다.

어머니와 형님, 누님, 그리고 동생과

포근한 보금자리에서

안심하고 살았던 시간들이

전쟁이 끝난 후처럼

난장판으로 바뀌었다

어머니에게 돈 빌린 사람들이

돈을 떼먹어 벌어진 일

마음 구석구석 빨간 딱지가 붙었다

우리 것이 남의 것이 되었다

갑자기 닥친 일들

드라마 같은 일들

어디든지 있을 테지만

어떤 어린 영혼이 영원히 상처받지 않기를 기도할 뿐

-「빨간 딱지」 전문

「빨간 딱지」는 앞의 작품 「어머니」와 함께, 개인적 기억을 넘어 가난의 폭력성과 자신이 존재할 수 있었던 기반을 상실하는 실존적 기억을 증언하는 시이다. 특히 이 작품은 '어머니의 희생'을 형상화한 「어머니」와 달리, 그 희생이 보호로 이어지지 못하고 파괴되는 순간, 즉 가난이 인간의 존엄과 세계를 어떻게 붕괴시키는지를 어린아이의 시선으로 드러낸다.

'빨간 딱지'는 이 시에서 존재의 박탈을 의미하는 폭력의 상징적 표식이다. 시의 핵심적인 시적 장치 또한 바로 이 '빨간 딱지'이다.

"호마이카 농과 살림살이들에/ 빨간 딱지가 붙었다/-중략-/ 마음 구석구석 빨간 딱지가 붙었다/ 우리 것이 남의 것이 되었다."

여기서 빨간 딱지는 단순한 압류 표시가 아니다. 그것은 소유의 상실을 넘어 삶의 터전이 해체되고 존재 기반이 제거되는 순간을 가시화하는 폭력의 표식이다. 특히 "우리 것이 남의 것이 되었다"

라는 구절은 재산의 상실이라는 물리적 사건을 넘어, 자신의 세계 자체가 타자에게 강탈당하는 존재론적 경험을 드러낸다. 이는 어린 시인에게 '세계는 더 이상 안정된 질서로 유지되지 않는다'라는 사실을 처음으로 각인시킨 사건이 된다.

특히, '침입'의 장면은 세계의 안전성이 붕괴되는 결정적 순간으로 작동된다.

"어느 날 우락부락한 사내들이/ 구두를 신은 채 방 안으로 들이닥쳤다."에서 사람들이 들어왔다는 사실이 핵심이 아니라, "구두를 신은 채"라는 표현이 더 핵심이다. 한국의 전통적 생활공간에서 '방'은 가장 내밀하고 보호된 공간이다. 그 공간에 '구두를 신은 채' 누군가 들어왔다는 것은 단순한 방문이 아니라, 사적인 공간의 경계를 무너뜨리는 폭력적 침입을 의미한다. 이 순간을 기점으로 세계는 더 이상 보호된 공간이 아니라 언제든 침입당할 수 있는 불안정한 공간으로 전환된다. 시인은 이 사건을 통해 세계가 근본적으로 안전하지 않다는 사실을 처음으로 체험하게 된다.

특히 이 시의 중요한 특징은 이러한 사건이 어린아이의 시선을 통해 제시된다는 점이다.

"영문도 모르는 어린 가슴은/ 두려움으로 벌벌 떨었다/ 여린 내 마음에/ 알 수 없는 분노가 일렁거렸다."의 장면은 두 가지 감정이 동시에 존재한다. 하나는 '두려움'이고, 다른 하나는 '분노'이다. 그러나 이 '분노'는 명확한 대상이 없는 분노이다. 왜 이러한 일이 벌어졌는지 이해할 수 없기 때문이다. 이는 어린 존재가 처음으로 경험하는 세계의 부조리와 불합리성에 대한 근원적 충격을 보여준다.

시인은 시의 후반부에서 "어머니에게 돈 빌린 사람들이/ 돈을 떼먹어 벌어진 일"이라고 사건의 원인을 고백한다.

이 구절은 사건의 사회적 구조를 드러내는 중요한 지점이다. 여기서 어머니는 단순한 채무자가 아니라, 신뢰를 기반으로 공동체적 관계 속에서 살아온 존재이다. 그런데 그 신뢰가 배반당한 것이다. 이 시는 단순한 빈곤의 문제가 아니라, 가난한 존재들이 구조적으로 더 취약한 위치에 놓이며, 그 신뢰마저 보호받지 못하는 현실을 증언하는 화자의 고백이다. 즉, 가난은 단순한 경제적 결핍이 아니라, 인간이 존재하는 세계를 바닥부터 붕괴시키는 구조적 폭력으로 작동한다.

이 시에서 인간 존재를 붕괴하는 구조적 폭력의 경험을 윤리적 성찰로 전환시키는 지점이 있다. "어린 영혼이 상처받지 않기를 기도할 뿐"이라는 구절에서 화자는 더 이상 사건을 경험하는 어린아이가 아니라, 그 사건을 통과한 이후의 성찰적 주체로 나타난다. 이 기도는 단순히 자신의 과거를 향한 위로가 아니라, 동일한 상처를 겪는 다른 존재들을 향한 윤리적 연민의 표현이다. 이는 시인이 목회자로 살아가게 된 삶의 방향성과도 깊이 연결된다. 자신이 경험한 상처는 타자의 상처를 이해하고 공감할 수 있는 윤리적 기반이 되기 때문이다.

이 시는 화려한 수사나 미학적 장치를 강조하기보다, 증언적 진실성에 기반하고 있다. 단순한 언어, 직접적인 진술, 사건 중심의 구조는 미학적 결핍이 아니라, 오히려 증언의 윤리를 구현하는 방식이다. 이 시는 아름다움을 구성하기 위해 쓰인 시가 아니라, 잊히지 않는 상처를 기억하고 증언하기 위해 쓰인 시이다.

결국 이 시에서 '빨간 딱지'는 단순한 압류의 표시가 아니라, 가난이 인간의 세계를 어떻게 붕괴시키는지를 드러내는 상징적 표식이다. 그리고 이 기억은 시인의 삶 전체를 관통하는 윤리적 출발점이 된다. 목회와 노동운동, 그리고 통일운동으로 이어지는 시인의 실천하는 삶은 추상적 이념에서 비롯된 것이 아니라, 어린 시절 경험한 상실과 상처의 기억에서 비롯된 것이다.

이러한 경험은 시인의 삶 속에서 단순한 기억으로 머무르지 않고, 이후 그의 존재 방식과 삶의 방향을 결정짓는 근원적 계기로 작용한다. 시인은 어린 시절의 가난과 상실을 통과한 이후, 공장에서 노동자로 일하던 중 극심한 궁핍 속에서 열흘 넘게 굶주리다 쓰러진 적이 있다. 그때 한 집사님의 권유로 기도원에 들어가게 되었고, 그 사건은 그의 삶을 근본적으로 전환시키는 결정적 계기가 되었다. 절망의 끝에서 시작된 이 경험은 단순한 종교적 선택이 아니라, 고통 속에 있는 존재들을 이해하고 함께하는 삶으로 나아가는 윤리적 전환의 순간이었다.

이후 시인은 정규 교육의 기회를 충분히 누리지 못했던 조건 속에서도 검정고시를 통해 학업을 이어갔으며, 마침내 대학 입학 자격을 취득한 뒤 한신대학교와 대학원에서 신학을 공부하고 신학박사

학위를 받기에 이른다. 이는 단순한 개인적 성취가 아니라, 상실과 결핍의 조건을 통과한 존재가 스스로의 삶을 윤리적 실천의 방향으로 재구성해 나간 과정으로 이해할 수 있다. 그의 목회는 개척교회에서 시작되어, 이후 서울 강남구에 위치한 한신교회에서 부목사로 사역하는 데까지 이어졌으며, 이는 고통받는 존재들의 삶 속으로 직접 들어가 그들과 함께하려는 실천적 신앙의 구현이었다.

그러나 이후 사모의 건강 악화로 더 이상 기존의 목회 활동을 지속하기 어려운 상황에 이르렀고, 시인은 새로운 삶의 조건 속에서 미국으로 건너가게 된다. 이 또한 단절이라기보다, 주어진 삶의 조건 속에서 존재의 책임을 감당해 나가는 또 하나의 과정으로 이해할 수 있다.

이러한 시인의 삶의 궤적은 「빨간 딱지」에서 드러난 어린 시절의 상실 경험과 깊이 연결되어 있다. 어린 시절 경험한 가난과 세계의 붕괴는 단순한 개인적 상처로 머무르지 않고, 이후 타자의 고통을 이해하고 응답하는 윤리적 감수성의 토대가 되었다. 다시 말해, 「빨간 딱지」는 단순한 과거의 기억이 아니라, 시인의 삶 전체를 관통하며 그의 실천적 삶을 가능하게 한 존재론적 원형이라 할 수 있다.

결국 이 시는 가난으로 인해 세계의 기반이 붕괴되는 순간을 증언하는 동시에, 그 상처를 통과한 존재가 어떻게 타자의 고통에 응답하는 윤리적 주체로 형성되는지를 보여주는 시적 기록이다. 그런 점에서 「빨간 딱지」는 단순한 회고적 서술이 아니라, 상실의 기억이 윤리적 책임으로 전환되는 과정, 그리고 고통의 경험이 타자를 향한 연민과 실천의 근원이 되는 존재의 형성 과정을 증언하는 시라 할 수 있다.

어머니 탯줄 끊고

찬란한 빛을 보았다

-중략-

끝없는 바다에 외로운

난파선이 되어 표류하였다

아버지도 먼 곳으로 가고

어머니도 낯선 산중턱에서 안착하셨다

큰 형님도 떠나시고

친구들도 하나 둘 떠나고

이곳 저곳에서 만나던

친구들도 곁을 떠나간다

-중략-

불평등은 계속 불평등하고

교활하고 사특한 자들이

인간 숲의 살아남아

역사를 쥐락펴락하고 있다

유년의 마당에

멍석을 깔고 누워

은하수를 보았다

-「고향집」 부분

「고향집」은 개인적 모성과 가난의 기억을 넘어, 존재의 근원과 상실의 연속, 그리고 역사적 현실 속에서 고향을 다시 사유하는 귀환의 시라 할 수 있다. 이 작품은 단순한 향수의 표출이 아니라, 존재의 출발점과 상실 이후에도 여전히 회귀하고자 하는 근원적 장소에 대한 실존적·역사적 성찰을 담고 있다.

이 시에서 고향은 무엇보다 생명의 근원으로서의 장소로 제시된다. 시의 첫 구절은 고향을 단순한 지리적 공간이 아니라, 존재의 기원으로 형상화한다.

"어머니 탯줄 끊고/ 찬란한 빛을 보았다"

여기서 고향은 단순히 태어난 장소가 아니라, 생명이 시작된 자리이며 존재가 처음으로 세계와 만난 근원적 장소이다. 특히 '탯줄'이라는 표현은 어머니와 자식 사이의 근원적 연결을 상징하며, 생명이 타자와의 관계 속에서 시작되었음을 드러낸다. 따라서 고향

196

은 물리적 공간이 아니라, 존재가 세계와 연결된 최초의 근원적 자리로 이해된다.

이어지는 구절에서 시인은 자신의 삶을 '난파선'의 이미지로 형상화한다.

"끝없는 바다에 외로운/ 난파선이 되어 표류하였다"

여기서 '난파선'은 방향을 상실한 존재, 근원을 상실한 존재를 상징하는 존재론적 은유이다. 난파선은 더 이상 스스로의 의지로 항해할 수 없는 상태이며, 외부의 힘에 의해 표류할 수밖에 없는 존재를 의미한다. 이 표현은 시인의 삶이 안정된 정착의 과정이 아니라, 가난과 노동, 가족의 해체, 그리고 역사적 격변 속에서 끊임없이 흔들리고 이동할 수밖에 없었던 삶이었음을 암시한다. 즉, 시인은 자신의 삶을 목적지를 향해 나아가는 항해가 아니라, 근원을 상실한 채 떠도는 표류의 과정으로 인식하고 있다.

이 시의 핵심 정서 가운데 하나는 상실의 연속이다.

"아버지도 먼 곳으로 가고/ 어머니도 낯선 산중턱에 안착하셨다/ 큰 형님도 떠나시고/ 친구들도 하나 둘 떠나고"

이 반복적 진술은 단순한 사실의 나열이 아니라, 화자의 존재를 구성하던 세계가 점차 해체되는 과정을 보여준다. 특히 부모의 죽음은 단순한 가족 구성원의 상실을 넘어, 존재의 근원을 상실하는 사건으로 제시된다. 부모는 생명의 출발점이자 존재의 기반이기 때문이다. 이러한 상실의 반복은 화자를 점점 더 근원을 잃은 존재, 즉 세계 속에서 고립된 존재로 형상화한다.

시의 후반부에 이르면, 이러한 개인적 기억은 사회적·역사적 인식으로 확장된다.

"불평등은 계속 불평등하고/ 교활하고 사특한 자들이/ 인간 숲에 살아남아/ 역사를 쥐락펴락하고 있다"

여기서 화자는 더 이상 단순히 개인적 상실을 회상하는 존재가 아니라, 역사적 현실을 성찰하는 주체로 전환된다. '불평등'과 '교활하고 사특한 자들'이라는 표현은 개인의 삶을 넘어, 부조리한 사회 구조 속에서 살아온 존재로서의 자기 인식을 드러낸다. 이는 개인적 상실의 경험이 사회적 현실에 대한 윤리적 인식으로 확장되는 지점이라 할 수 있다.

그러나 이러한 상실과 부조리의 인식 속에서도, 시인은 고향에 대한 근원적 기억을 통해 존재의 원형적 완전성을 회상한다.

"유년의 마당에/ 멍석을 깔고 누워/ 은하수를 보았다"

이 장면은 단순한 과거 회상이 아니라, 존재가 가장 온전한 상태로 존재할 수 있었던 시간과 공간에 대한 기억이다. 고향은 여기서 단순한 물리적 장소가 아니라, 관계와 공동체 속에서 존재가 완전성을 경험했던 근원적 공간으로 형상화된다. 가족과 함께했던 이 장면은 상실 이전의 세계, 즉 존재가 분열되기 이전의 통합된 세계를 상징한다.

결국 「고향집」에 대한 기억은 단순한 공간적 회상이 아니라, 존재가 처음으로 보호받고 형성되었던 근원적 상태를 다시 접촉하는 행위이다. 시인은 고향과 어머니에 대한 기억을 통해, 세계의 폭력과 상실을 경험하기 이전의 존재 상태, 즉 존재가 아직 분열되지 않았던 원형적 완전성의 순간을 회상한다. 이러한 회상은 단순한 향수가 아니라, 현재의 상실된 존재가 자신의 존재 근원을 다시 확인하는 존재론적 행위로 기능한다.

모래알처럼 수많은 사람들이

이 길을 오고 갔을 것이다

때론 짐승들도 밟고 지나갔을 길

풀들도 서로 얽히어 살아가고 있다

꼭 가야만 하는 길이기에

비가 내려도

바람이 불어도

재난과 재앙 닥쳐도

어려운 고비를 만나 넘어져도

쓰러져 피가 철철 흘러도

멈출 수 없는 길이기에

나도 꼭 가야만 하는 숙명의 길

「순례자의 길」은 기억과 희생, 상실의 경험을 통과한 이후 도달한 존재의 운명적 길, 곧 사명으로서의 삶을 형상화한 작품이라 할 수 있다. 단순한 삶의 비유를 넘어 고통 속에서도 멈출 수 없는 존재의 소명에 대한 신앙적·실존적 인식을 드러낸다.

이 시의 중심 상징은 '길'이다. 여기서 '길'은 단순한 물리적 이동 경로가 아니라, 존재가 통과해야 하는 삶의 과정이며 동시에 운명으로 주어진 여정이다.

"모래알처럼 수많은 사람들이/ 이 길을 오고 갔을 것이다"

이 구절은 이 길이 특정 개인만의 길이 아니라, 수많은 존재들이 이미 통과해 온 보편적 인간 조건의 길임을 보여준다. '모래알처럼'이라는 표현은 인간 존재의 유한성과 개별성, 그리고 그 수많은 반복성을 동시에 드러낸다. 이어지는 "짐승들도 밟고 지나갔을 것이다"라는 구절은 이 길이 인간만의 길이 아니라, 생명을 지닌 모든 존재가 통과하는 근원적 생존의 길임을 암시한다. 이로써 '길'은 특정한 개인적 경험을 넘어, 존재 일반의 조건으로 확장된다.

이 길은 결코 평탄한 길이 아니라, 고통과 시련을 수반하는 길로 형상화된다.

"비가 오고/ 바람이 불고/ 재난과 재앙으로/ 지치고 넘어져도/ 쓰러져 피가 철철 흘러도"

이 반복적 진술은 삶이 끊임없는 시련과 고통의 연속임을 보여준다. 그러나 이러한 고통에도 불구하고, 순례자는 그 길을 멈출 수 없다.

"멈출 수 없기에/ 이 길을 갔을 것이다"

여기서 중요한 것은 '멈출 수 없기에'라는 표현이다. 이는 이 길이 단순한 선택의 결과가 아니라, 존재에 주어진 필연적 조건임을 드러낸다. 다시 말해, 이 길은 개인이 임의로 선택하거나 포기할 수 있는 길이 아니라, 존재 자체에 내재된 운명적 여정이다.

이러한 의미는 시의 마지막 구절에서 더욱 분명해진다.

"그래서 나도 가야만 하는 길"

이 구절은 앞서 언급된 모든 존재들의 여정이 궁극적으로 화자 자신의 여정으로 이어짐을 보여준다. 화자는 자신이 걸어가야 할 길이 이미 수많은 존재들이 통과해 온 길이며, 동시에 자신에게도 주어진 필연적 운명임을 자각한다.

특히 '순례자의 길'이라는 제목은 이러한 의미를 더욱 심화시킨다. 순례자는 단순히 이동하는 존재가 아니라, 목적을 지닌 채 고통을 감수하며 의미를 향해 나아가는 존재이다. 순례의 본질은 목적지에 도달하는 것 자체보다, 그 과정 속에서 자신의 존재를 인식하고 수용하는 데 있다. 따라서 이 시에서 '길'은 단순한 삶의 비유가 아니라, 존재의 소명이며 윤리적·신앙적 사명으로 이해된다.

이러한 인식은 시인의 생애와도 깊이 연결된다. 목회와 노동운동, 통일운동의 길은 편안한 선택의 결과라기보다, 고통과 희생을 감수해야 하는 길이었다. 그럼에도 불구하고 시인은 그 길을 멈출 수 없는 길, 곧 자신에게 주어진 사명의 길로 받아들인다.

결국 이 시에서 '순례자의 길'은 단순한 이동의 경로가 아니라, 고통과 상실을 통과하면서도 끝까지 걸어갈 수밖에 없는 존재의 운명이며, 동시에 자신의 존재 의미를 실현하는 소명의 길을 상징한다. 이 시는 삶을 선택 가능한 경로로 제시하기보다, 존재 자체에 내재된 필연적 여정으로 인식하며, 그 길을 받아들이는 순례자의 실존적 자각을 형상화한 시이다.

미친 눈보라가 산야에 몰아치는 날
여의도와 남태령
한남동과 광화문을 훑고 지나갔다

촛불 파도가 물결을 이루고
땅 끝에서
부글부글 뜨거운 오장육부 국들을
펄펄 끓이며
눈 부릅뜨고 산 자들이 구름처럼
산을 이루었다

봄의 전령 개나리
분홍 진달래가 흐드러지게 피어나고

-「부활의 봄」 부분

「부활의 봄」은 민주주의의 회복과 재탄생을 '부활'이라는 신학적 상징과 '봄'이라는 생명의 상징을 결합하여 형상화한 정치적·영적 서사시라 할 수 있다. 이 시는 단순한 집회 장면의 기록이 아니라, 겨울의 억압을 뚫고 다시 살아나는 민중의 생명력을 부활 신학의 언어로 재해석한 시적 증언이다.

구조적으로 이 시는 '겨울'로 표상되는 억압의 시간에서 '봄'으로 표상되는 부활의 시간으로 이행하는 상승 구조를 지닌다. 즉, 자연의 계절적 순환을 통해 역사적 각성과 민주주의의 재생을 형상화하는 상징적 구조를 형성하고 있다.

"미친 눈보라가 산야에 몰아치는 날/ 여의도와 남태령/ 한남동과 광화문을 훑고 지나갔다"

여기서 '미친 눈보라'는 단순한 자연현상이 아니라, 정치적 억압과 민주주의의 위기, 그리고 공포와 냉혹함의 시대를 상징한다. 특히 주목할 점은 공간의 나열이다. 광화문은 시민 저항과 집단적 각성의 상징적 공간이며, 여의도는 제도 정치 권력의 중심을 의미한다. 한남동은 권력의 사적 중심 공간을 암시하고, 남태령은 농민 시위와 국가 권력이 대치했던 긴장의 공간으로 기억된다. 이러한 공간들은 단순한 지리적 지명이 아니라, 현대 한국 민주주의의 갈등과 긴장이 응축된 역사적 장소들이다. 시인은 자연의 혹독한 겨울 이미지를 통해 민주주의가 위기에 처한 역사적 시간을 형상화하고 있다.

이어지는 장면에서 민중의 각성은 생명적 에너지의 분출로 나타난다.

"촛불 파도가 물결을 이루고/ 눈 부릅뜨고 산 자들이 구름처럼/ 몰려 들었다"에서 '촛불 파도'는 집단적 저항과 연대의 상징이며, 특히 '산 자들'이라는 표현은 중요한 의미를 지닌다. 이는 단순히 생물학적으로 살아 있는 존재를 의미하는 것이 아니라, 침묵을 거부하고 역사적 현실에 응답하는 각성된 주체를 의미한다. 이러한 표현은 성서적 어휘를 연상시키며, 민중을 역사 속에서 깨어난 존재로 형상화한다.

이러한 각성의 순간은 자연의 계절적 전환과 맞물리며 부활의 이미지로 완성된다.

"봄의 전령 개나리/ 분홍 진달래가 흐드러지게 피어나고"의 구절은 이 시의 중요한 전환점이다. 겨울로 표상되던 억압의 시간이 끝나고, 봄으로 표상되는 생명의 시간이 도래했음을 보여준다. 개나리와 진달래의 개화는 단순한 자연현상이 아니라, 억압을 통과한 이후 도래하는 역사적 부활과 생명의 회복을 상징한다. 자연의 순환이 단순한 계절 변화에 머무르지 않고, 역사적 시간과 겹쳐지면서 민주주의의 재생이라는 의미를 획득하는 것이다.

이 시에서 '부활'은 단순한 종교적 개념이 아니라, 억압 속에서도 소멸하지 않는 생명의 힘과 역사적 주체로서의 민중의 재탄생을 의미한다. '봄' 또한 계절적 변화에 그치지 않고, 새로운 역사적 가능성과 희망의 도래를 상징한다. 이처럼 「부활의 봄」은 자연의 계절적 순환과 역사적 변화를 중첩시키며, 민주주의의 회복을 생명의 부활이라는 신학적 상징을 통해 형상화하고 있다.

결국 이 시는 억압과 침묵의 겨울을 통과한 이후, 각성한 민중이 역사적 주체로 다시 태어나는 순간을 형상화한 시이며, 민주주의의 회복을 단순한 정치적 사건이 아니라 생명의 부활이라는 존재론적 사건으로 인식한 시적 증언이다.

> 공포와 두려움의 전율이
>
> 밀려오는데
>
> 함박눈을 위안 삼아
>
> 차가운 아스팔트 위에
>
> 무릎을 꿇고
>
> 평화가 오기를 간절히 빌었습니다
>
> 보상도 바라지 않았고
>
> 은박지 이불 삼아 검은 밤 보내고
>
> 따스한 봄날
>
> 다소곳이 피어나기를

-「소녀의 기도」 부분

「소녀의 기도」는 민주주의를 '투쟁'이나 '혁명'의 언어가 아니라, 기도와 희생, 그리고 순수한 윤리적 헌신의 행위로 형상화한 작품이다. 앞선 「부활의 봄」이 민주주의의 역사적 각성과 집단적 부활을 장엄한 상징으로 표현했다면, 이 시는 그러한 역사적 변화를 가능하게 한 개별 존재의 조용하지만 근원적인 윤리적 행위, 곧 '기도'에 주목하고 있다.

특히 이 시에서 '소녀'는 중요한 상징적 존재이다. '소녀'는 권력을 소유하지 않은 존재이며, 가장 연약한 존재를 의미한다. 그러나 바로 이러한 연약함 속에서 민주주의의 윤리적 기반이 형성된다. 즉, 민주주의는 권력의 쟁취를 통해서가 아니라, 양심에 따라 행동하는 시민 개개인의 윤리적 결단을 통해 유지되고 실현된다는 점을 이 시는 보여준다. 여기서 '소녀'는 특정 개인을 넘어, 광장에서 침묵 속에서도 자리를 지키며 평화를 염원하는 시민 존재 전체를 상징한다. 다시 말해, 민주주의의 주체는 폭력적 투쟁의 주체가 아니라, 자신의 존재 자체로 저항하는 윤리적 주체인 것이다.

이 시에서 가장 핵심적인 행위는 '무릎 꿇음'이다.

"차가운 아스팔트 위에/ 무릎을 꿇고/ 평화가 오기를 간절히 빌었습니다"

일반적으로 '무릎 꿇음'은 복종이나 굴복의 자세를 의미한다. 그러나 이 시에서의 '무릎 꿇음'은 그와 정반대의 의미를 지닌다. 그것은 권력에 대한 굴복이 아니라, 진리와 정의를 향한 헌신의 자세이다. 이는 외적으로는 가장 낮은 자세이지만, 내적으로는 가장 강한 윤리적 결단의 표현이다. 따라서 이 행위는 단순한 종교적 행위에 머무르지 않고, 정치적 의미를 지닌 윤리적 실천이자 영적 행위로 이해될 수 있다. 이를 통해 시인은 민주주의가 단순한 정치 제도가 아니라, 개인의 윤리적 결단과 양심적 실천 위에서 성립하는 것임을 드러낸다.

또한 '은박지 이불'의 이미지는 민주주의를 지탱하는 시민들의 희생을 구체적으로 형상화한다.

"은박지 이불 삼아/ 검은 밤 보내고"

여기서 '은박지'는 단순한 상징적 장치가 아니라, 실제 광장에서 시민들이 혹독한 추위를 견디기 위해 사용했던 물리적 사물이다. 이 구체적 이미지는 민주주의가 추상적 이념이나 관념이 아니라, 시민들의 몸을 통한 고통과 인내 위에서 형성된 역사적 현실임을 보여준다. 민주주의는 단순한 제도적 성취가 아니라, 구체적이고 육체적인 희생을 통해 이루어진 윤리적 성취인 것이다.

이어지는 구절은 이러한 희생이 궁극적으로 생명의 회복과 연결됨을 암시한다.

"따스한 봄날/ 다소곳이 피어나기를"

여기서 '봄'은 앞선 「부활의 봄」에서와 마찬가지로, 억압 이후 도래하는 회복과 재탄생의 상징이다. '다소곳이 피어난다'라는 표현은 폭력적 전복이 아니라, 조용하고 자연스러운 생명의 회복을 의미한다. 이는 민주주의의 실현이 파괴를 통한 성취가 아니라, 윤리적 인내와 희생을 통해 이루어지는 생명의 과정임을 보여준다.

결국 「소녀의 기도」는 민주주의를 권력 투쟁의 결과로 제시하기보다, 양심에 따른 윤리적 헌신과 희생을 통해 형성되는 존재론적 사건으로 형상화한다. 이 시는 민주주의를 정치적 제도의 문제로 환원하지 않고, 인간 존재의 윤리적 선택과 책임의 문제로 확장시킨다.

이러한 윤리적 지향은 시인의 삶 속에서도 구체적인 실천으로 이어진다. 홍성표 시인은 개인의 안위나 안정된 삶에 머무르기보다, 민족의 역사적 과제와 공동체적 책임을 자신의 존재 이유로 받아들였던 인물이다. 그는 미국에서 안정된 생활 기반을 마련하고 있었으며, 자녀들 또한 학교에 다니고 있는 상황이었다. 그러나 그러한 안정된 조건 속에서도 그는 민족의 분단 현실과 통일의 문제를 외면할 수 없었고, 이에 대한 깊은 고민과 성찰 끝에 결국 귀국을 결단하게 된다.

이 선택은 단순한 삶의 방향 전환이 아니라, 존재의 윤리적 책임에 대한 응답이었다고 할 수 있다. 민주주의와 평화, 그리고 통일의 문제를 개인의 삶과 분리된 추상적 이념으로 두지 않고, 자신의 삶 속에서 직접 감당해야 할 실존적 과제로 받아들였던 것이다. 이는 「소녀의 기도」에서 형상화된 '무릎 꿇음'의 윤리와 깊이 맞닿아 있다. 외적으로는 가장 낮은 자세이지만, 내적으로는 진리와 정의를 향한 가장 단호한 결단의 형식이라는 점에서, 시인의 귀국 또한 하나의 윤리적 헌신의 행위로 이해할 수 있다.

결국 홍성표 시인에게 민주주의와 통일은 단순한 정치적 구호가 아니라, 인간 존재가 감당해야 할 윤리적 책임의 문제였다. 「소녀의 기도」에 나타난 소녀의 침묵 속 기도는 단순한 상징적 장면이 아니라, 시인 자신의 삶을 관통해 온 존재 방식의 표현이기도 하다. 다시 말해, 이 시는 민주주의와 평화를 향한 윤리적 헌신이 단지 시적 상상력 속에서 구성된 것이 아니라, 시인의 실존적 결단과 삶의 실천 속에서 형성된 것임을 보여주는 시적 증언이라 할 수 있다.

별들이 노래하며 속삭이는 밤
숨죽이며 찾아온 검은 손들이
목을 조이며 말하였다

이제 그만, 이곳을 떠나라

보따리 하나 등에 메고
산 넘고 강 건너
칠흑 같은
가시밭길을 헤치며

걷고
또 걷고

천 리 길 아니

가늠할 수 없는 아득한

골짜기를 건너왔다

뻐꾸기 두견새 노래하고

청보리 황금빛 옷을 갈아입는 곳

가지가지 사연 실타래 업고

한 여름 울어대는 매미의 목이

깊은 여울에 잠겨버렸다

울 밑에 봉숭아 누나의 꿈 이루고

내가 걸어 온 자국들이

핏빛처럼 서러워도

상처투성이 죽음들이 판치는

지구를 토닥인다

-「디아스포라」 부분

　「디아스포라」는 개인의 이주 경험을 넘어, 분단과 전쟁, 국가 폭력, 그리고 역사적 강제 이동 속에서 고향을 떠날 수밖에 없었던 민족적 존재의 상실과, 그럼에도 불구하고 지속되는 평화의 염원을 형상화한 역사적·민족적 서사시라 할 수 있다. 특히 이 작품은 '디아스포라'를 단순한 지리적 이동이 아니라, 존재의 근원으로부터 단절된 상태에서 살아가는 인간의 역사적 운명으로 확장하여 사유하고 있다.

구조적으로 이 시는 첫째, 추방의 순간, 둘째, 끝없는 떠돌이 삶, 셋째, 상실과 상처의 기억, 넷째, 평화를 향한 윤리적 염원, 다섯째, 공동체적 회복에 대한 희망이라는 단계적 구조를 지닌다. 이러한 구조는 단순한 이동의 기록이 아니라, 존재의 근원을 상실한 이후에도 지속되는 역사적 삶의 조건을 형상화한다.

시의 시작은 강제 추방의 순간을 상징적으로 제시한다.

"숨죽이며 찾아온 검은 손들이/ 목을 조이며 말하였다/ 이제 그만, 이곳을 떠나라"

여기서 '검은 손들'은 단순한 개인이 아니라, 국가 권력과 전쟁, 식민 지배, 그리고 이념적 폭력과 같은 비인격적 권력을 상징한다. '검은'이라는 형용사는 비가시적이며 통제 불가능한 권력의 속성을 드러내며, 동시에 공포와 억압의 권력을 상징한다. 이는 개인의 의지와 무관하게 삶의 터전으로부터 떠날 수밖에 없었던 강제적 역사 경험을 형상화한다. 따라서 이 시에서 '디아스포라'는 자발적 이주가 아니라, 폭력에 의해 강제된 이주 경험을 의미한다.

"보따리 하나 등에 메고/ 산 넘고 강 건너/ 칠흑 같은/ 가시밭길을 헤치며/ 걷고/ 또 걷고"

이 장면에서 '보따리 하나'는 모든 것을 상실한 존재의 최소한의 생존 조건을 상징한다. 이는 삶의 기반과 근원을 상실한 채, 오직 생존만을 위해 이동해야 하는 존재의 상태를 드러낸다. 특히 '가시 밭길'은 단순한 이동 경로가 아니라, 고통과 시련이 수반된 존재의 조건을 의미한다. 이러한 이미지는 전쟁으로 인해 발생한 피난민과 이산가족, 그리고 난민의 집단적 기억과 깊이 연결된다.

이러한 이동은 단순한 공간적 이동을 넘어, 시간 속에서 지속되는 존재의 상태로 확장된다.

"천 리 길 아니/ 가늠할 수 없는 아득한 / 골짜기를 건너왔다"

여기서 중요한 것은 이동의 거리가 아니라, 그 이동이 지속되는 시간의 깊이임을 알 수 있다. '가늠할 수 없는 아득한'이라는 표현은 디아스포라가 단순한 일시적 사건이 아니라, 존재의 근원적 조건으로 지속되는 상태임을 보여준다. 고향은 물리적으로 멀어질 뿐만 아니라, 시간의 흐름 속에서도 점점 더 도달할 수 없는 장소로 변모한다. 이로써 디아스포라는 단순한 공간적 단절이 아니라, 존재의 근원으로부터의 시간적 단절을 의미하게 된다.

이 시는 또한 상실의 기억과 역사적 상처를 깊이 있게 형상화한다.

"내가 걸어 온 자국들이/ 핏빛처럼 서러워도"

이 구절에서 '핏빛'은 단순한 감정적 고통을 넘어, 역사적 폭력과 희생의 흔적을 상징한다. 이는 개인의 삶의 궤적이 단순한 생존의 기록이 아니라, 폭력과 상실의 역사를 통과한 존재의 증언임을 보여준다. 나아가 이러한 상처는 개인의 차원을 넘어, 분단과 전쟁이라는 민족적 상처와 연결된다. 시에서 암시되는 '분단의 허리'는 민족의 단절을 상징하며, 이는 단순한 정치적 현실이 아니라, 존재의 근원을 분열시키는 역사적 폭력으로 이해된다.

그러나 이 시는 단순히 상실과 고통의 기억에 머무르지 않는다. 마지막 구절은 상처 입은 세계를 향한 윤리적 응답으로 나아간다.

"상처투성이 죽음들이 판치는/ 지구를 토닥인다"

여기서 '토닥인다'는 행위는 매우 중요한 윤리적 의미를 지닌다. 이는 폭력과 상실을 경험한 존재가 단순히 고통 속에 머무르는 것이 아니라, 오히려 상처 입은 세계를 위로하는 윤리적 주체로 전환됨을 의미한다. 이는 디아스포라적 존재가 단순한 피해자에 머무르지 않고, 고통을 통과한 이후 세계를 치유하려는 윤리적 존재로 변화하는 과정을 보여준다.

결국 「디아스포라」는 단순한 이주의 기록이 아니라, 역사적 폭력에 의해 근원을 상실한 존재가 그 상실 속에서도 기억과 윤리적 의식을 통해 자신의 존재를 재구성하는 과정을 형상화한 시라 할 수 있다. 이 시에서 디아스포라는 단순한 지리적 상태가 아니라, 상실과 기억, 그리고 윤리적 책임 속에서 살아가는 존재의 근원적 조건으로 제시된다. 동시에 이 작품은 분단과 전쟁이라는 민족적 상처를 넘어, 상처 입은 세계를 위로하고 치유하려는 윤리적 의지를 담은 역사적·존재론적 성찰의 시라 할 수 있다.

에필로그_기억으로 서 있는 존재

홍성표 시집의 시편들은 한 인간의 삶을 기록한 서정적 회고를 넘어, 기억을 통해 존재의 의미를 증언하는 언어이다. 시인은 자신의 삶을 영웅적으로 말하지 않는다. 오히려 자신의 존재가 타자의 희생 위에 세워져 있음을 고백하며, 그 기억을 잊지 않으려 한다. 이러한 고백은 자기 연민이 아니라, 존재의 진실을 직시하려는 윤리적 태도이다.

기억은 사라진 과거가 아니라, 현재를 살아가게 하는 힘이다. 시인은 기억을 통해 자신의 삶을 다시 이해하고, 그 삶을 증언으로 남긴다. 그 증언은 개인의 삶을 넘어, 고통 속에서도 생명을 이어 온 모든 존재들에 대한 기록이 된다.

결국 이 시집은 한 순례자의 기록이다. 그는 자신의 삶을 통해 인간이 무엇 위에 서 있는 존재인지를 보여준다. 인간은 홀로 존재하는 존재가 아니라, 타자의 희생 속에서 살아가는 존재이며, 기억을 통해 자신의 삶을 이해하는 존재이다. 이 시집의 시편들은 바로 그 기억의 언어이며, 존재의 진실을 증언하는 조용하지만 깊은 목소리이다. 그리고 그 목소리는 우리에게 묻는다. 우리는 무엇을 기억하며 살아가고 있는가. 그리고 우리는 어떤 존재로 이 길을 걸어가고 있는가.

상처투성이의 마음으로 우리는 무엇을 쓸까

찍 은 날   2026년 2월 23일
펴 낸 날   2026년 2월 25일
지 은 이   홍성표
펴 낸 곳   도서출판 이um
펴 낸 이   주선미
편집교정   김 림 주석희
주   소   경기도 양주시 회천중앙로200(베네스트하우스)
전   화   02) 780-2403
E-mail   js3373@hanmail.net
등록번호   제2023-000005호
ISBN   979-11-989082-7-8 03810
정   가   12,000원